ALBERT SOUBIES

HISTOIRE
DU
THÉATRE-LYRIQUE

1851-1870

PARIS
LIBRAIRIE FISCHBACHER
Société anonyme
33, RUE DE SEINE, 33

1899

HISTOIRE

DU

THÉATRE-LYRIQUE

TIRÉ A SIX CENT SOIXANTE EXEMPLAIRES DONT SOIXANTE SUR PAPIER DE HOLLANDE

ALBERT SOUBIES

HISTOIRE

DU

THÉATRE-LYRIQUE

1851-1870

PARIS
LIBRAIRIE FISCHBACHER
Société anonyme
33, RUE DE SEINE, 33

1899

PRÉFACE

Nos précédentes études sur les grandes scènes parisiennes ont été consacrées à l'Opéra, à l'Opéra-Comique et à la Comédie-Française, théâtres bien vivants et en pleine possession de la faveur publique. On s'étonnera peut-être que dans cette série de monographies d'un nouveau genre nous donnions place aujourd'hui au Théâtre-Lyrique qui, ouvert le 27 Septembre 1851, a été définitivement fermé le 31 Mai 1870. C'est qu'un tel sujet, pour rétrospectif qu'il paraisse, n'en est pas moins « actuel ». Il ne se passe guère en effet de saison où ne surgisse quelque projet de Théâtre-Lyrique, conçu presque toujours d'après un plan exclusif et incomplet, mais intéressant à plus d'un titre et correspondant à une préoccupation constante et générale. D'ailleurs, en dehors de la période dont nous nous occupons spécialement ici, le Théâtre-Lyrique, sous des formes variées, dans des emplacements divers, a souvent essayé de vivre ; on pourrait presque dire, tant ces essais ont été nombreux, qu'il n'a jamais cessé d'exister.

Antérieurement à 1851, on le trouve à l'état rudimentaire, au Gymnase en 1820, à l'Odéon en 1824, aux Nouveautés en 1827, à l'Ambigu en 1830, à la Renaissance en 1838, à Beaumarchais en 1848, au Cirque Olympique en 1847. Cette dernière tentative, la plus digne d'attention, fut précaire. Par une espèce d'ironie du sort, ce qui l'interrompit ce furent justement les événements révolutionnaires qu'on avait fêtés tout d'abord sur cette scène avec un à-propos intitulé les Barricades. Cette entreprise, où Adam perdit sa fortune, a été confondue par certains auteurs (par Albert de Lasalle, notamment, dans son utile et souvent amusant Mémorial), avec le « vrai » Théâtre-Lyrique qui fut ouvert peu de temps après.

Depuis la guerre, on a vu, dans le même sens, nombre d'autres ébauches à la Salle Ventadour et à la Gaîté, au Châtelet et à la Renaissance, au Théâtre des Nations et à la Porte-Saint-Martin, aux Menus-Plaisirs, à Beaumarchais, à l'Eden, au Nouveau-Théâtre, à l'ancien Athénée, aux Variétés, à la Salle Taitbout, et même au minuscule établissement de la Galerie-Vivienne où, en dépit de l'exiguïté de la scène, on n'a pas craint de monter de grands opéras tels que Norma et Lucie, enfin et surtout au Château-d'Eau, domicile d'élection pour ce que l'on pourrait appeler « le Théâtre-Lyrique intermittent ».

Sur tout cela il y aurait un livre à faire, livre jadis esquissé par M. Pougin dans une suite d'intéressants articles. Si nous nous bornons, quant à nous, à la période comprise entre 1851 et 1870, c'est parce que c'est la seule où la troisième scène lyrique parisienne ait fonctionné sans aucune interruption ; avec l'appui, pendant quelques années du moins, de l'État, ce qui ne veut pas dire que la subvention reçue fût suffisante ; sous la direction enfin d'hommes exercés, capables, qui successivement ont fait, dans leur gestion, prévaloir les différents systèmes mis en avant toutes les fois qu'il s'est agi de constituer cet organe essentiel de la vie artistique. Ajoutons que si ces directeurs ont recueilli moins de profit que d'honneur, si même quelques-uns furent malheureux, ils ont été tous animés d'un zèle esthétique véritablement élevé, ils ont consciencieusement servi la cause de l'art, et ont laissé, à cet égard, une trace profonde. L'histoire du Théâtre-Lyrique de 1851 à 1870 est incontestablement le plus intéressant de tous les chapitres que l'on puisse consacrer au mouvement et à l'évolution du théâtre musical à Paris, sous le Second Empire.

HISTOIRE
DU
THÉATRE-LYRIQUE

1851-1870

PREMIÈRE PARTIE

LA SALLE DU BOULEVARD DU TEMPLE

Alexandre Dumas avait, en 1847, fondé, au boulevard du Temple, le Théâtre-Historique. Cette salle devint celle du Théâtre-Lyrique, inauguré le 27 septembre 1851. Remarquons, tout d'abord, que le nom de « Théâtre-Lyrique » ne fut adopté, pour cette entreprise, que le 12 avril de l'année suivante. A l'ouverture, l'appellation choisie fut celle d'Opéra-National, qui avait déjà servi, en 1847, pour la tentative d'Adam au Cirque Olympique. « Opéra-National », d'ailleurs, ne valait pas « Théâtre-Lyrique », dénomination si heureuse qu'elle a prédominé depuis pour la plupart des essais analogues, et qu'elle peut être utilisée pour l'histoire de toutes les restaurations, accomplies ou projetées, d'une troisième grande scène musicale parisienne.

Il avait été un moment question d'installer le théâtre naissant à la Porte-Saint-Martin. Le Théâtre-Historique, définitivement préféré, présentait à l'extérieur un aspect caractéristique, en ce que sa hauteur était considérable, alors que sa largeur ne dépassait pas huit mètres. On l'avait complètement remis à neuf. A cette occasion, les statues de Corneille et de Molière, qui auparavant ornaient les deux avant-scènes, avaient été remplacées par celles de Lulli et de Gluck. Au-dessus du rideau, à la place du cartouche central traditionnel, figurait une horloge autour de laquelle, par une association assez bizarre, se lisaient les noms singulièrement inégaux de Dalayrac, de Cherubini, de Grétry, de Mozart.

Pour la direction l'on s'était trouvé en présence de plusieurs candidatures, en particulier celle de M. Basset, ancien directeur de l'Opéra-Comique. Celui qui l'emporta fut Edmond Seveste, administrateur depuis quelques années des petits théâtres de la banlieue. Il eut parmi ses collaborateurs M. Croharé, accompagnateur, (depuis l'un des chefs de chant de l'Opéra), et M. Varney, le père du compositeur des *Petits Mousquetaires*, auteur lui-même du *Chant des Girondins*, un instant populaire.

« Les premiers pas », s'il est permis d'adapter à la circonstance le titre du prologue joué en 1847 à l'ouverture de l'Opéra-National, les premiers pas donc furent assez heureux. Dès le début M. Edmond Seveste avait compris la principale difficulté de sa tâche, celle de concilier le goût du public, de sa nature assez méfiant, prompt à s'effaroucher de ce qui est hardi, et les aspirations, généralement contraires, des jeunes compositeurs. Il importait d'abord de créer un répertoire capable d'alimenter le théâtre d'une façon lucrative, de remplir avantageusement l'interstice entre deux ouvrages inédits; ensuite, dans le choix des pièces nouvelles, il fallait, tout en ménageant une place aux débutants, ne pas négliger les artistes arrivés, dont la réputation, propre à attirer les auditeurs, fût un gage de succès.

C'est ainsi que, dès l'origine, Seveste s'occupa de se constituer un répertoire français avec des reprises du *Maître de chapelle*, des *Rendez-vous bourgeois*, (ils ne se maintinrent pas longtemps à ce théâtre et revinrent bientôt à l'Opéra-Comique, leur vrai cadre), de *Ma Tante Aurore*, avec son fameux air de trente-six mesures sur trois notes, de *Maison à vendre*, d'*Ambroise* et des *Travestissements*.

En ce qui concerne l'étranger, c'est alors que fut créée la tradition d'après laquelle le Théâtre-Lyrique devait faire une part importante aux traductions, négligées en principe à l'Opéra-Comique, et travailler à rendre populaires certains chefs-d'œuvre plus malaisément accessibles pour la foule à l'Opéra ou aux Italiens. Se conformant à ce plan, Seveste avait, pour second spectacle, préparé une reprise du *Barbier* qui, dans une double carrière poursuivie d'abord au boulevard du Temple puis à la place du Châtelet, était destiné à fournir, au Théâtre-Lyrique, cent vingt-six représentations.

La veille de la mise à la scène du *Barbier*, on avait donné *Mosquita la*

Sorcière, opéra-comique de Boisselot, en ce temps-là encore presque un débutant; un autre ouvrage de lui *Ne touchez pas à la Reine*, avait, à la salle Favart, obtenu un accueil très favorable. L'œuvre nouvelle ne se maintint pas longtemps sur l'affiche. A *Mosquita*, à un mois d'intervalle succéda *Murdock le Bandit*, un acte d'Eugène Gautier, depuis professeur d'histoire de la musique au Conservatoire, et qui donna de nombreux petits ouvrages durant les premières années d'existence du Théâtre-Lyrique. Vers la même date, enfin, on joua une œuvre plus saillante, *la Perle du Brésil*. L'auteur était Félicien David, rendu célèbre par ses odes-symphonies, principalement par *le Désert*, — ce *Désert* que, par parenthèse, quelques années après, il fut question de *jouer* avec décors et costumes, comme on l'a fait récemment à Monte-Carlo pour *la Damnation de Faust*.

Ainsi, dans un court espace de temps, s'étaient à peu près réalisées toutes les conditions du programme qu'avait conçu Seveste, programme qui, il faut l'ajouter, s'impose à tout directeur d'un Théâtre-Lyrique en état de durer. Sans être étourdissant, le succès suffisamment brillant de *la Perle du Brésil* s'affirma, de 1851 à 1853 et de 1858 à 1864, par deux séries de soixante-huit et de soixante-seize représentations. L'interprète du principal rôle était Mlle Duez, déjà fort appréciée dans Rosine. On y vit paraître par la suite Mmes Carvalho et Marimon. *La Perle du Brésil*, mentionnons-le en passant, est la première en date, entre les pièces jouées d'origine au Théâtre-Lyrique, qui ont enrichi plus tard le fonds d'une autre scène.

Un début de gestion présente des difficultés presque insurmontables, quand on n'a pas de vastes ressources et une réserve sérieusement assurée. Pour les commencements, peu sensationnels, de l'année 1852, nous ne trouvons que la reprise des *Visitandines*, bizarrement réintitulées, par un scrupule peu explicable, *le Pensionnat de jeunes demoiselles*, et trois pièces nouvelles, dont deux en un acte. L'une de ces dernières, *la Poupée de Nuremberg*, se joue encore. Mais les meilleurs levers de rideau influent peu sur la recette. Le 28 février la mort enleva Edmond Seveste, à la mémoire de qui le baron Taylor devait, deux ans plus tard, consacrer ces lignes émues :

« Il mourut à la tâche, on peut le dire, emportant la réputation d'un administrateur intègre, mais en laissant sa veuve et ses enfants sans ressources et sans aucun moyen de satisfaire à des dettes considérables, inévitable résultat des calamités (ce mot seul était un peu trop fort) de sa gestion. Aucun moyen, disons-nous ? Nous nous trompons. Il en était un, un seul, mais qu'un noble cœur pouvait seul réaliser. Jules Seveste sollicita et obtint la direction vacante, et, au premier succès, son premier acte administratif fut d'acquitter les dettes qu'avait contractées son frère. »

Ce premier succès ne se produisit qu'au début de la saison musicale suivante. La fin de celle qu'avait attristée la mort d'Edmond Seveste n'avait été remplie que par une traduction de *la Gazza ladra (la Pie voleuse)*, insuffisamment interprétée, et la mise à la scène, à Paris, d'une pièce en trois actes antérieurement montée à Bruxelles, *Joanita* ; pour cet ouvrage, par une particularité digne de remarque, le nom de Duprez figurait trois fois sur l'affiche ; en effet, tandis que la musique était de Gilbert Duprez, le célèbre chanteur, les paroles avaient pour auteur Edouard Duprez, son frère, et Mlle Caroline Duprez personnifiait l'héroïne de la pièce.

Les premières semaines de la saison 1852-1853 furent signalées par une réussite éclatante et durable, celle de *Si j'étais Roi!* d'Adolphe Adam. Nous n'avons eu jusqu'ici à citer son nom qu'à propos du gentil petit acte de *la Poupée de Nuremberg*. Disons tout de suite qu'il lui était réservé d'être le compositeur le plus souvent joué au Théâtre-Lyrique, où il arriva à un total de huit cent soixante-dix-neuf représentations, avec cinq partitions empruntées à l'Opéra-Comique : *le Postillon* et *le Roi d'Yvetot*, reprises où l'on entendit le créateur de ces deux personnages, Chollet, *la Reine d'un jour*, *le Brasseur de Preston*, *le Sourd*; — et huit nouveautés, *la Poupée* et *Si j'étais Roi!* mentionnés ci-dessus, puis *le Roi des halles*, *le Bijou perdu*, *le Muletier de Tolède*, *A Clichy*, *Falstaff* et *Mam'zelle Geneviève*.

Dans un volume, devenu très rare, des frères de Goncourt, *les Mystères des théâtres*, on trouve de *Si j'étais roi!* un compte rendu qui est un excellent spécimen d'un genre alors très à la mode, celui d'une sorte de fantaisie à la fois spirituelle et laborieuse, où une érudition un peu factice se rehausse d'un badinage non exempt de préciosité. La réussite très vive de cet opéra-comique s'est renouvelée à Paris, lors de la reconstitution éphémère du Théâtre-Lyrique à la Gaîté et au Château-d'Eau. En province, le succès se soutient encore. A l'origine ce fut de l'engouement, et, pour ménager les interprètes, en prévision d'une série de représentations dont on n'apercevait pas la fin, on fit jouer l'ouvrage par une double troupe, alternant d'une soirée à l'autre.

La vogue de *Si j'étais Roi !* n'empêcha pas Jules Seveste d'effectuer avant la fin de l'année deux reprises, celles du *Postillon* et des *Deux Voleurs*, de Girard. En même temps il mettait à la scène cinq petites pièces nouvelles en un ou deux actes. L'une dépassa la centième. C'était *Flore et Zéphyre*, musique d'Eugène Gautier, sorte d'imitation des *Vieux Péchés*, où nous nous souvenons d'avoir vu Bouffé et Mlle Pierson. Un autre de ces petits ouvrages, *Tabarin*, avait pour auteur Georges Bousquet, qui mourut jeune. A Rome il avait été le camarade de Gounod, auquel Fanny Mendelssohn, qui n'avait du reste entendu de lui qu'un *scherzo* sans importance, n'était pas très éloignée de préférer son compagnon ; une cantate de ce dernier lui plaisait beaucoup.

Outre *les Amours du Diable*, de Grisar, très favorablement accueillis, et qu'on a revus plus tard à l'Opéra-Comique, au Châtelet et au Château-d'Eau, l'année 1853, comme pendant à *Si j'étais Roi !* nous présente le triomphe populaire du *Bijou perdu* que l'on répéta sous le titre de *la Jardinière*. Tout Paris courut applaudir les couplets des « fraises » chantés par Mme Marie Cabel, que le directeur venait d'avoir la bonne inspiration d'engager.

Comme particularité de cette même année, il convient de citer divers essais tentés pour acclimater au Théâtre-Lyrique un genre auquel on renonça promptement, l'opéra-ballet. Malgré les talents chorégraphiques déployés par Mme Guy-Stephan dans *le Lutin de la vallée* et par Mlle Nathalie Fitz-James dans *le Danseur du Roi*, malgré la virtuosité fantaisiste dont Saint-Léon fit preuve, sur le violon, dans ces deux pièces, elles n'eurent qu'une courte existence. Il en fut de même, l'année suivante, pour *les Étoiles*, de Pilati.

Nous renvoyons à notre tableau pour le détail des autres pièces données ou reprises en 1853. Une seule s'imposa de façon durable, l'amusant petit acte de *Bonsoir Voisin*, dont le sujet avait été suggéré aux auteurs, Brunswick, Arthur de Beauplan et Poise, par un dessin de Gavarni, et au service duquel Meillet et sa femme avaient mis leur verve, leur sûr et souple talent. Relevons au passage l'apparition sur l'affiche de noms nouveaux et intéressants, celui de Jules Verne, auteur avec Michel Carré du livret de *Colin-Maillard*, dont la musique était d'Aristide Hignard, celui de Wekerlin *(l'Organiste dans l'embarras)*, celui de Gevaert *(Georgette)*. Dans une reprise du *Diable à quatre*, de Solié, mentionnons le début de Mme Girard, la mère de l'accorte et piquante divette si souvent applaudie sur nos scènes de genre. Notons enfin la représentation, avec une fortune médiocre, d'un opéra posthume de Donizetti, *Élisabeth*.

En 1854, du 1er janvier à la clôture annuelle d'été, il convient de signaler la continuation des productives représentations du *Bijou perdu*, puis trois reprises : *le Panier fleuri*, la seule pièce d'Ambroise Thomas qui ait figuré au répertoire du Théâtre-Lyrique, *la Reine d'un jour* et *le Tableau parlant*. Deux nouveautés méritent de n'être pas laissées de côté : d'abord *la Promise*, la deuxième création de Mme Cabel. C'était le début au Théâtre-Lyrique de Clapisson, dont un critique autorisé, G. Héquet, louait « l'orchestration très recherchée ». La seconde des deux œuvres auxquelles nous venons de faire allusion est *Maître Wolfram*, le premier essai dramatique de M. Reyer, connu seulement jusque-là par la partition colorée du *Sélam*. Nous avons raconté ailleurs l'histoire de *Maître Wolfram*, que créèrent Laurent, Talon, Grignon et Mme Meillet. Encouragé par le succès, le compositeur se remit au travail. Deux ans après, on annonçait au Théâtre-Lyrique la représentation d'une autre œuvre de lui, *Erostrate*. Mais il était écrit que les Parisiens n'entendraient *Erostrate* qu'en 1871, à l'Opéra, et, — coïncidence étrange, étant donné le dénouement de la pièce, l'embrasement du temple d'Éphèse, — quelques mois après l'incendie des Tuileries et de l'Hôtel de Ville.

Maître Wolfram avait été joué le 20 mai. Six semaines plus tard, le 30 juin, Jules Seveste mourait subitement à Meudon. Cette fin prématurée le surprenait au moment où la fortune commençait à lui sourire. Sa dernière année de gestion avait été, matériellement, heureuse. Quinze jours avant de succomber il avait renouvelé son bail pour dix ans, et il avait reçu la promesse formelle d'une subvention officielle, subvention toujours si ardemment sollicitée, mais, disons-le, plus dangereuse que réellement utile quand elle n'est pas largement calculée, et qui d'ailleurs ne fut touchée qu'en 1864, par M. Carvalho.

Nous avons rapporté plus haut les éloges par lesquels le baron Taylor avait, chez Jules Seveste, vanté les qualités de l'homme. L'administrateur, en lui, n'était pas moins méritant. Sans doute, si l'on excepte quelques artistes pour la plupart nommés déjà dans les pages qu'on vient de lire, Mme Cabel en tête, et auxquels on pourrait joindre Junca,

Leroy, Dulaurens, Philippe, Bouché, Coulon, Mmes Colson, Petit-Brière, la troupe qu'avaient formée les frères Seveste se recommandait plutôt par l'homogénéité que par l'éclat et le nombre des « étoiles ». Sans doute aussi, en dépit des louanges un peu libéralement accordées par les Goncourt, dans le trop scintillant article cité plus haut, à la mise en scène de *Si j'étais Roi !* qui les avait facilement éblouis, les pièces étaient en général montées d'une façon simple, parfois même rudimentaire ; à la première de *la Butte des Moulins*, d'Adrien Boieldieu, on s'était étonné à bon droit, par exemple, de voir un superbe palmier s'étaler au milieu d'une place parisienne.

Il faut d'ailleurs, pour porter sur tout cela une appréciation juste, se rappeler la situation du Théâtre-Lyrique d'alors, un théâtre de boulevard ; le prix des places (le taux des plus coûteuses ne dépassait pas cinq francs) ; les exigences d'un public passablement vorace, avec lequel la qualité, sans qu'il en fût insoucieux, ne pouvait dispenser de la quantité. Certain soir, à une représentation commençant à cinq heures trois quarts et composée de six actes, parmi lesquels comptaient les trois longs actes de *Si j'étais Roi !* le directeur ayant cru pouvoir, pour économiser le temps, supprimer l'ouverture de la pièce d'Adam, l'auditoire protesta avec tant d'insistance qu'il fallut, le rideau déjà levé, se décider à jouer cette ouverture.

Après tout, grâce à la réelle habileté dont la direction avait fait preuve, le théâtre avait vécu. En moins de trois ans les deux frères Seveste avaient joué, ou plus exactement monté, puisque le théâtre était leur création, quatre-vingt-douze actes et quarante-six pièces, dont vingt-neuf nouvelles, ces dernières dues, dans une très forte proportion, à des débutants. En somme ils avaient compris la double obligation, en apparence contradictoire, qui incombe au chef d'un théâtre de ce genre : servir l'art tout en le mettant à la portée de tous, plaire au public tout en assurant un large débouché aux jeunes compositeurs.

Le Théâtre-Lyrique avait clos ses portes le 2 juin : il les rouvrit, le 30 septembre, avec la suite des représentations de *la Promise*. Le directeur nouveau était M. Perrin. Il réalisait ainsi le projet que, toute sa vie, il ne cessa de caresser : celui de réunir, sous une même administration, deux théâtres, littéraires ou musicaux. Les choses, d'ailleurs, pour arriver à ce but, n'avaient point, comme l'on dit, marché toutes seules. La Société des Auteurs présentait des objections. Un instant, M. Perrin avait été démissionnaire ; toutefois on aboutit à une entente.

La véritable « entrée de jeu » fut, le 7 octobre, *le Billet de Marguerite*, de M. Gevaert, où un joli duo, en particulier, fixa l'attention des connaisseurs. Il avait pour interprètes deux artistes jeunes dont les noms étaient destinés à acquérir au théâtre une grande notoriété. C'étaient Léon Achard, chanteur fort distingué, excellent comédien, dont la carrière a été si remplie, et Mme Deligne-Lauters (plus tard Mme Guey-mard), dont on se rappelle encore la voix chaude et colorée, les

dons accusés de tragédienne, et la supérieure habileté de cantatrice.
Avec de telles recrues le Théâtre-Lyrique changeait un peu de nature ;
au reste, du moment où Mme Cabel avait été engagée, la métamorphose avait commencé ; il ne s'agissait plus, dès lors, de la simple
scène « du boulevard », peu mondaine, peu *parisienne*, à propos de
laquelle un critique, parlant des heureux débuts de Junca, cité plus
haut, avait pu dire : « Il voulait venir à Paris ; il n'est arrivé qu'au
boulevard du Temple ». Ce mouvement ascendant allait s'accentuer.
Graduellement, le Théâtre-Lyrique tendait à devenir l'un des organes
principaux de la vie artistique. En même temps que la troupe s'augmentait, s'enrichissait d'éléments précieux, on déployait une activité
soutenue : outre *le Billet de Marguerite* on monta, avant le 31 décembre,
cinq pièces, dont une en trois actes, *le Muletier de Tolède*, d'Adam,
ouvrage faible, mais auquel le talent de Mme Cabel prêta assez de vie
pour lui assurer cinquante-quatre représentations. Une autre de ces
pièces, *A Clichy*, due au même compositeur, fut jouée quatre-vingt-
neuf fois. C'était une sorte de pochade d'atelier, une esquisse amusante à trois personnages d'hommes.

Deux grands succès devaient signaler tout ensemble la direction
Perrin et l'année 1854, la reprise de *Robin des Bois* et la création de
Jaguarita l'Indienne, qui, dans les journaux à caricatures de l'époque,
devint un moment « l'Indienne mauvais teint ».

Robin des Bois avait jadis été le plus vif succès musical de l'Odéon,
dans la période où la musique y alternait avec la littérature. Il était
évidemment bizarre, de la part de Castil-Blaze, d'avoir imposé ce titre

anglo-écossais à une œuvre si foncièrement germanique. De plus, *Robin des Bois* différait du *Freischütz* original non seulement par les fantaisies introduites dans le livret, mais encore par les coupables libertés prises aux dépens de la partition de Weber. Conservant néanmoins une bonne part de ses attractions magistrales, fort bien chantée, surtout par les femmes, Mmes Deligne-Lauters et Girard, mise en scène avec le goût et l'art par lesquels se distinguait Émile Perrin, l'œuvre, sous ce pseudonyme injustifié de *Robin des Bois*, arriva, tout compte fait, à cent vingt-huit représentations. Redonnée plus tard, en 1866, sous son titre authentique : *le Freischütz*, et cette fois conformément au texte vrai, avec Mme Carvalho, comme protagoniste, elle fut encore jouée soixante-treize fois. Rappelons que le nom de « Robin des Bois », héros de chasses légendaires, avait été un sobriquet donné à Charles X, passionné, on le sait, pour ce plaisir, auquel il se livrait souvent, en grand apparat, escorté de gardes du corps et d'autres détachements de sa maison militaire.

Une réussite également très vive, nous l'avons dit, fut celle de *Jaguarita*, précédée pendant quelque temps, en guise de lever de rideau, d'un acte, *l'Inconsolable*, signé Alberti (lisez : Halévy). Dans *Jaguarita* Mme Cabel, qui devait reprendre ce rôle quatorze ans plus tard à l'Opéra-Comique, avait pour partenaire un ex-jeune premier de l'Odéon, Monjauze, ténor à la voix métallique, dont la carrière a longtemps été brillante.

Il faut indiquer aussi comme ayant, vers cette date, plu au public, une petite pièce, *les Charmeurs*, de Poise, remontés, en 1876, à la Gaîté.

Mentionnons pareillement la reprise de *la Sirène*, le 19 juin, avec Achard, Dulaurens, Colson, Prilleux, et une débutante, Mlle Pannetrat. On remarquera que *la Sirène* est, entre les œuvres d'Auber, la seule qui ait été jouée sur cette scène, où le répertoire d'Adam fut si largement représenté. Cela s'explique peut être par le caractère plus franchement populaire de ce dernier, tandis qu'Auber, plus élégant, plus aristocratique, était davantage chez lui sur une scène voisine de ces quartiers que Balzac désigne sous le nom approximatif et générique de « la Chaussée d'Antin. »

Nous ferons observer en passant que, parmi les musiciens de valeur qui durant la période comprise entre 1851 et 1870 ont eu une ou plusieurs œuvres représentées à l'Opéra-Comique, six seulement n'ont jamais paru sur l'affiche du Théâtre-Lyrique : avec Meyerbeer, le plus illustre de tous, ce sont Bazin, Reber, Duprato, Offenbach et M. Massenet.

Il est à certains égards surprenant que, malgré le succès de *Robin des Bois* et de *Jaguarita*, malgré l'ouverture de l'Exposition Universelle, les portes du Théâtre-Lyrique se soient, en 1855, fermées le 30 juin pour ne se rouvrir que le 1er septembre. Moins de deux mois après, Perrin se retirait, après une reprise de *Marie*, le joli ouvrage d'Hérold, chanté par Mlle Bourgeois, MM. Achard et Leroy.

M. Perrin d'ailleurs n'avait pas eu, autant qu'il l'espérait, à se féliciter des résultats de sa double entreprise. L'Opéra-Comique souffrait de ce cumul. Instruit par l'expérience, le directeur passa la main à Pellegrin, organisateur des représentations théâtrales au camp de Châlons.

Celui-ci ne fut pas chanceux avec sa première nouveauté importante, *les Lavandières de Santarem*, de M. Gevaert. Le mémorial, pour la fin de l'année 1855, se complète par une reprise infructueuse du *Solitaire*, de Carafa, et trois petits actes ; l'un d'eux, *le Secret de l'Oncle Vincent*, de Lajarte, a passé par la suite au répertoire de l'Athénée.

L'année 1856 débuta, pour Pellegrin, par deux pièces d'Adam, *le Sourd*, emprunté à l'Opéra-Comique, et *Falstaff*, avec Hermann-Léon, qui, à la salle Favart, avait déjà, dans *le Songe d'une nuit d'été*, incarné le héros de Shakespeare.

En remplacement de Mme Cabel qu'Émile Perrin avait emmenée avec lui, le directeur du Théâtre-Lyrique venait de contracter un engagement « sensationnel », celui de Mme Carvalho, — originairement Mlle Miolan, — si applaudie à la salle Favart, la créatrice de *Giralda* et des *Noces de Jeannette*. Mais Pellegrin n'eut pas le temps de recueillir le bénéfice de cette initiative heureuse. Comme Anténor Joly à la Renaissance, faisant faillite au moment où il se disposait à monter *l'Ange de Nisida*, qui devint *la Favorite*, Pellegrin fut contraint de déposer son bilan à la veille du jour où la fortune allait lui sourire. Les artistes du théâtre essayèrent de se constituer en société ; ils n'y arrivèrent pas. C'est alors que les auteurs de *la Fanchonnette* résolurent de s'adresser au mari de la diva récemment engagée, en lui demandant de se charger de la direction. M. Carvalho accepta, et le 1er mai 1856 eut lieu la première représentation de cette *Fanchonnette*, par laquelle devait s'ouvrir une série de grands succès.

En se reportant par la pensée à l'époque où fut donnée *la Fanchonnette*, en tenant compte du goût alors régnant, on s'explique sans peine l'éclatante réussite qu'obtint l'ouvrage de Clapisson. L'œuvre, au reste, du moins pour la foule, conserve de la saveur et figure presque constamment au programme des entreprises plus ou moins lyriques que l'on voit se produire au Château-d'Eau. Il faut songer qu'en 1855, ainsi que nous l'avons déjà fait remarquer, on félicitait couramment Clapisson pour l'élégance, la recherche savante de son orchestration. On se souciait peu de Wagner; si par hasard on s'occupait de lui dans un journal, c'était sur un ton cavalier, irrévérencieusement ironique, comme en cette note, découpée dans *la Gazette musicale*, vers cette date : « M. Richard Wagner a quitté Londres au lendemain même du dernier concert de la Société Philharmonique, enchanté sans doute de s'éloigner précipitamment d'une ville si enfoncée dans les impénétrables ténèbres du présent, et si sourde à la voix prophétique de l'avenir. »

De plus, indépendamment de son relatif mérite musical, *la Fanchonnette* offrait l'attrait d'un livret agréable; le tableau populaire du premier acte avait paru amusant, pittoresque; ces scènes où il y a de l'entrain, une couleur franche, se trouvaient bien à leur place au boulevard du Temple. C'était là, toute proportion gardée, une sorte de *Fille de Madame Angot*. Enfin et surtout la pièce bénéficiait de la présence de Mme Carvalho, alors dans toute la fleur de son jeune talent ; de celle qui, après avoir chanté délicieusement les rôles légers de l'opéra-comique, allait bientôt, dans son effort ascensionnel, réaliser de façon supérieure le Chérubin de Mozart, puis incarner Marguerite et Baucis, Mireille et Juliette ; de celle qui représente peut-être le plus complètement l'art vocal français dans cette partie du siècle ; de celle, en un mot, qui devait être dorénavant, en quelque sorte, l'âme du Théâtre-Lyrique, puisque son absence, de 1860 à 1862, et son départ définitif pour l'Opéra, en 1868, furent le signal de périodes néfastes dans l'histoire du théâtre qu'elle abandonnait.

A *la Fanchonnette*, à quelques semaines d'intervalle, succédait, en échouant d'ailleurs devant le public, *Mam'zelle Geneviève*, d'Adam, sa dernière œuvre, — la dernière du moins au Théâtre-Lyrique, car il devait encore donner, aux Bouffes-Parisiens, *les Pantins de Violette*, gentille bagatelle qu'il avait originairement composée pour amuser sa fille. Producteur infatigable, Adam succomba, on peut le dire, à la peine. Ruiné et endetté par suite de la fermeture de l'Opéra-National, il ne goûta un peu de repos qu'après avoir dédommagé tous ses créanciers. Il convient de saluer au passage ce parfait honnête homme, cet artiste doué d'une imagination si féconde, qui fut en outre un critique instruit, accessible aux idées de progrès, impartial, indulgent et spirituel.

Adam était mort subitement le 3 mai. Ce n'est point le quitter tout à fait que parler de la reprise, effectuée le 23 mai, de *Richard*, interprété par Meillet, Michot et Mlle Girard. Personne en effet n'ignore que l'orchestration retouchée de *Richard* était due à l'auteur de *Si j'étais Roi !* Notons que le chef-d'œuvre de Grétry, par ses trois cent deux représentations, a été, au Théâtre-Lyrique, la pièce la plus souvent exécutée après *Faust* qui arrive au total de trois cent six.

Mais *la Fanchonnette* et la brillante reprise de *Richard* ne furent pas les seuls événements dignes de mémoire en cette année exceptionnelle. Il nous faut citer encore deux pièces nouvelles, *les Dragons de Villars* avec une débutante à la voix agile et au jeu plein de verve, Mlle Borghèse qui ne fit que passer, et *la Reine Topaze* avec Mme Carvalho.

Ces ouvrages, l'un et l'autre en trois actes, et dont le premier se joue encore à l'Opéra-Comique, émanaient de compositeurs jeunes et dans toute la force de leur talent. La musique des *Dragons de Villars* est plus saillante que celle de *la Fanchonnette*. Mais ce que nous avons dit de l'une s'applique en partie à l'autre. Peut-être a-t-on quelque tendance à juger aujourd'hui avec trop de sévérité la partition de Maillart. Sans rappeler tant de morceaux devenus promptement célèbres, tels que la romance fameuse « Ne parle pas » et le grand air de la fin, le « Moi jolie » du deuxième acte, si délicat, si candidement ingénu, avec son rayon de poésie douce et vraie, suffirait seul pour désigner l'auteur comme un musicien de mérite. Détail plaisant : Maillart, installé à Bougival, et pressé par M. Carvalho d'envoyer son orchestration qu'il ne se hâtait pas de finir, en confiait les fragments à un de ses amis, chasseur d'Afrique, dont l'arrivée à cheval au théâtre faisait régulièrement sensation. On sait, d'autre part, que la pièce avait été refusée à l'Opéra-Comique parce que le sujet avait paru « trop noir ».

Le succès de *la Reine Topaze*, moins durable que celui des *Dragons de Villars*, fut tout d'abord encore plus éclatant : cent treize représentations en 1857 ! Tout Paris fredonna la « chanson de l'abeille », dont les vers étaient d'Hégésippe Moreau. Il n'était point d'ailleurs nommé sur l'affiche. La collaboration de MM. Philippe Gille et Camille du Locle demeura également anonyme.

Ce n'était pas seulement par Mme Carvalho que l'interprétation de l'œuvre de Victor Massé pouvait attirer l'attention. A côté d'elle on applaudit Monjauze, Meillet, et, dans des rôles épisodiques et divertissants de « tire-laine », deux débutants appelés, le second surtout, à se faire une grande place à ce théâtre : le ténorino Fromant, et le créateur de Méphistophélès, Balanqué.

Aux pièces énumérées ci-dessus comme montées par M. Carvalho depuis sa nomination de directeur, il faut joindre un petit acte, *le Chapeau du Roi*, remarquable uniquement par le nom du librettiste, l'érudit Édouard Fournier, qui avait fait par hasard cette incursion dans un genre qui n'était pas le sien. Ces cinq œuvres appartenaient foncièrement au genre de l'opéra-comique, c'est-à-dire, avec une analogie poussée jusqu'à l'identité, au genre qui florissait à la salle Favart.

La rivalité entre les deux théâtres pouvait devenir funeste à l'un et à l'autre : à tout le moins il y avait double emploi. Émile Perrin, malgré sa rare habileté, en avait, dans une certaine mesure, eu à souffrir. Quant aux frères Seveste, pressentant, nous l'avons dit, le danger, ils s'étaient orientés, d'une part vers les traductions d'œuvres étrangères qu'ils voulaient populariser, de l'autre vers les ouvrages comme *la Perle du Brésil*, *Élisabeth*, *la Moissonneuse* de Vogel, confinant au genre de l'opéra, au moins sous la forme de ce que l'on devait nommer plus tard l'opéra de demi-caractère.

A son tour M. Carvalho s'imposa ce double objectif. Pour commencer il se tourna du côté des traductions, et, en s'arrêtant au choix d'*Obéron*, il débuta par un coup de maître. Le succès égala presque celui qu'avait remporté *Robin des Bois*. L'interprétation rassemblait les noms de Michot, Guillon, Fromant, de Mme Rossi-Cassia, la créatrice des *Diamants de la Couronne*, de Mmes Borghèse et Girard.

Soixante-huit représentations n'épuisèrent pas, en l'année 1857, la curiosité du public. A *Obéron*, un peu trop précipitamment peut-être, M. Carvalho voulut donner un pendant avec un autre joyau du répertoire de Weber, *Euryanthe*. Mais ici les destinées de la musique furent compromises par le livret, maladroitement arrangé, ou plutôt défiguré, additionné d'un fâcheux élément comique qui fut peu goûté. Nous touchons là du doigt un des inconvénients qui se présentent avec les traductions : l'insuffisance ou la bizarrerie du livret primitif, défauts auxquels on croit remédier par des combinaisons parfois plus malencontreuses encore. Il est vrai que, dans la suite, on vit triompher *la Flûte enchantée*, nonobstant la transformation du poème original. En revanche, l'exquis *Cosi fan tutte*, adapté tant bien que mal à un scénario emprunté à Shakespeare, celui de *Peines d'amour perdues*, ne put résister à cette épreuve.

Citons pour mémoire, toujours en 1857, deux opéras de Semet, *les Nuits d'Espagne* et *la Demoiselle d'honneur* ; (*O fortunatos nimium*... Heureux les jeunes compositeurs qui, en ce temps de préhistoire, pouvaient, dans la même année, faire jouer deux œuvres développées !) ; — puis l'aimable *Maître Griffard*, de Léo Delibes, son début sur une scène importante ; — puis un ouvrage de Clapisson, *Margot*, dont l'ouverture campagnarde reproduisait les cris des animaux. Cette *Margot*, aussi médiocre que rustique, séduisit peu l'auditoire ; c'était, au Théâtre-Lyrique, l'avant-dernière production du compositeur ; la dernière, *Madame Grégoire*, quatre ans après, n'eut pas un meilleur destin.

Six cent quatre-vingt mille neuf cents soixante-deux francs soixante-quinze centimes, voilà la somme à laquelle s'étaient, en 1856, élevées les recettes du théâtre, supérieures de plus de cent mille francs aux plus fortes que jusqu'alors on eût annuellement encaissées. En 1857 on monta à 831.211 fr. 95 c. On allait, en 1858, atteindre 849.214 fr. 60 c., grâce d'abord au répertoire courant, puis à la vogue si justifiée des *Noces de Figaro*.

L'année 1858, en effet, pourrait, dans l'histoire du Théâtre-Lyrique, s'appeler l'année des *Noces*. Notons, en ce qui concerne le texte français de l'ouvrage, versifié par Michel Carré et M. Jules Barbier, que, par un incompréhensible scrupule, les héritiers de Beaumarchais, moins intraitables pour *le Barbier*, prétendirent empêcher tout emprunt à la prose originale du maître. La première, le 8 mai, fut un triomphe. Meillet était un Figaro accompli ; Balanqué, un peu vulgaire pour représenter Almaviva, se montrait du moins, dans ce rôle, excellent chanteur. Satisfaisante à l'égard des hommes, l'interprétation, du côté féminin, était tout à fait supérieure. Personne peut-être n'a, dans Chérubin, égalé Mme Carvalho, et n'a rendu avec plus de grâce et de style la célèbre romance « Mon cœur soupire ». La distinction rare de Mme Vandenheuvel-Duprez l'avait désignée pour le personnage élégant de la comtesse. La Suzanne « toujours riante, verdissante, pleine de gaîté, d'esprit, d'amour et de délices » qu'avait rêvée Beaumarchais, se trouvait incarnée à souhait par Mme Ugalde, la créatrice du *Caïd* et de *Galathée*, l'artiste nomade et fantaisiste qui, entre temps, allait jouer *les Trois Sultanes* aux Variétés. On dut, en cette année, donner quatre-vingt-neuf fois *les Noces* qui, l'an d'après, furent chantées quarante-sept fois, pour aboutir, avec la reprise de 1863, à un total de deux cents soirées.

Peu de mois avant l'apparition du nom prestigieux de Mozart sur le programme du Théâtre-Lyrique, cette scène s'était ouverte pour un des plus fervents admirateurs du maître, pour Gounod, destiné à y laisser, lui aussi, une trace lumineuse. Il s'y présentait d'ailleurs d'une façon assez modeste, avec *le Médecin malgré lui* donné le 15 janvier, pour l'anniversaire de la naissance de Molière, dont le nom, comme auteur, sans désignation d'aucun adaptateur ou librettiste, figurait seul en regard de celui du musicien. Créé par Meillet — il devait être plus tard repris par Sainte-Foy durant son court passage au Lyrique, puis par Ismaël, — *le Médecin malgré lui* fut accueilli favorablement, mais sans réaliser de grosses recettes ; ses proportions réduites ne l'eussent, du reste, guère permis. L'année théâtrale, en

1858, se complète par la mise à la scène du charmant acte de Weber, *Preciosa* ; par deux reprises, *la Perle du Brésil*, avec Mme Carvalho, et *Gastilbelza*, l'œuvre de Maillart qui avait inauguré l'Opéra-National en 1847 ; enfin par quatre petites pièces nouvelles dont une en deux actes, *Broskowano*, de M. Deffès. Ce sujet a été repris et remis en musique par l'auteur, populaire en Allemagne, de *la Croix d'or*, Ignace Brüll.

Cette année 1858 marque le point culminant de la première direction Carvalho. En 1859, les recettes allaient baisser de 160.000 francs. Ce fut pourtant durant cet exercice que l'on vit se produire le *Faust* de Gounod, l'œuvre qui, par la suite, nous l'avons déjà fait remarquer, devait être la plus jouée au Théâtre-Lyrique, l'œuvre dont le succès, parmi les succès français de cette deuxième partie du siècle, a été le plus brillant, le plus durable, le plus soutenu.

Il n'est pas exact, hâtons-nous de le dire, que *Faust* ait eu tout d'abord la chute qu'on lui a si souvent attribuée. Représenté pour la première fois le 19 mars, l'opéra de Gounod obtint dans l'année cinquante-sept représentations, non sans une moyenne très satisfaisante de recettes. L'histoire de cet ouvrage est encore à écrire. Celui qui entreprendra cette tâche aura à détruire bien des légendes trop complaisamment accréditées et dont quelques-unes sont imputables à l'auteur lui-même, mal servi par ses souvenirs. Aussi bien, comme nous l'écrivait un jour un spirituel compositeur d'opérettes, pris en flagrant délit d'inadvertance ou d'oubli relativement à l'une de ses œuvres : « Les musiciens tracent tant de notes qu'ils omettent d'en prendre ». On devra faire justice également d'anecdotes plaisantes et devenues en quelque sorte classiques, mais d'une authenticité des plus douteuses : celle, par exemple, de M. Choudens, éditeur de la partition, menaçant ses enfants, s'ils étaient turbulents, de les mener revoir Faust ; terrifiés, à cette perspective, ils s'apaisaient, prétendait-on, aussitôt. Il est également inexact que *Faust* ait été sacrifié à *la Fée Carabosse*, de Massé, représentée quelques semaines auparavant, et qui échoua. Le voisinage dont *Faust* put avoir à souffrir, ce fut celui de Mozart, en pleine rénssite par *les Noces* et bientôt après par *l'Enlèvement au sérail*, et celui de Gluck dont l'*Orphée*, le 10 novembre suivant, devait, en partie grâce à Mme Viardot, remporter un éclatant succès.

A propos de *Faust* indiquons encore quelques particularités. L'un des librettistes, Michel Carré, avait donné antérieurement un drame en trois actes, *Faust et Marguerite*, dont il se servit pour son nouveau travail. Parmi les opéras reçus à l'Académie de Musique, l'Almanach Barba signale, en 1827, sans désignation du nom de l'auteur (qui était Béancourt), un *Faust* qu'on renonça à monter sur notre première scène. Enfin, lorsque *Faust* apparut, le sujet était, pour ainsi dire, « dans l'air ». Dès le mois d'avril 1858 on l'annonçait au Théâtre-Lyrique avec Mme Ugalde comme protagoniste, et, au mois d'octobre suivant, d'Ennery, toujours habile à sentir d'où venait le vent, et désireux d'arriver bon premier, faisait jouer à la Porte-Saint-Martin un *Faust* luxueusement mis en scène et remarquablement interprété par Rouvière, Dumaine et Mlle Luther.

Rappelons aussi que le rôle de Faust, distribué à Guardi, créé en définitive par Barbot, eut bientôt pour interprète Michot ; que la créatrice du «travesti» de Siebel fut Mlle Faivre, qui, plus tard, devait épouser le successeur de Carvalho, Charles Réty, et que ce fut seulement en 1867 que le rôle de Marguerite cessa d'avoir pour unique titulaire Mme Carvalho. Il fut successivement confié, au Théâtre-Lyrique, à Mmes Duprez, Schrœder et Sallard. Certains biographes de Gounod ont donc dit à tort qu'avant Mlle Nilsson, qui reprit le rôle à l'Opéra, le 3 mars 1869, on n'avait entendu à Paris aucune autre Marguerite que Mme Carvalho.

L'œuvre elle-même est trop universellement connue pour que nous ayons sur elle aucune appréciation à émettre. M. Carvalho l'avait entourée de tout le soin, de tout le luxe désirables. En la montant, il réalisait un rêve persistant, celui de jouer l'opéra, car, en dépit du dialogue « parlé », l'ouvrage de Gounod était un opéra véritable. Le résultat, somme toute, ne fut point tel que, pour beaucoup de raisons, on l'avait espéré. La réussite attendue s'était plutôt produite avec une traduction de l'*Abou-Hassan*, de Weber, où chantait Mlle Marimon, et une autre traduction, déjà mentionnée, celle de *l'Enlèvement au sérail* délicieusement rendu par Bataille (pour ses débuts au Lyrique), Michot, Fromant, Mmes Ugalde et Meillet. Mais, de brèves dimensions, ce charmant ouvrage ne pouvait compter que comme appoint au spectacle. Le sujet, l'on s'en souvient, est extrait d'un drame de Bretzner, *Belmont et Constance*. L'auteur n'avait point accordé son autorisation, et très mécontent, il déclara dans le *Journal de Leipzig* avoir déposé une plainte contre « un certain Mozart qui s'était permis de tirer un poème pour musique de son drame ».

Pas plus que *Faust* nous n'avons à juger *Orphée*, sur lequel tout est dit. En ce qui concerne Mme Viardot, on sait quelle émotion fut alors causée par cette interprétation si personnelle, si noble, si saisissante. On ne parlait que des trois façons dont la cantatrice faisait alternativement valoir la phrase célèbre : « J'ai perdu mon Eurydice ». Peut-être aujourd'hui ne serait-il plus permis d'introduire au premier acte les vocalises qui figurent dans la partition « conforme à la représentation » que nous avons sous les yeux. C'était une concession au goût de l'époque. En somme, l'ensemble était de premier ordre. Une belle Eurydice, Mlle Moreau, secondait de façon satisfaisante Mme Viardot. La pièce était encadrée dans des décors d'un style et d'un coloris tout virgiliens. Le succès fut très grand. En cinq années (c'est dans ce rôle que Mme Viardot fit ses adieux aux habitués du Théâtre-Lyrique), en cinq années *Orphée* atteignit un total de cent quarante-cinq représentations.

Toutefois l'on comprend qu'un spectacle aussi sévère ne pouvait exercer sur la foule une attraction comparable à celle d'*Obéron*, du *Freischütz* ou des *Noces*. Ajoutons que les frais étaient considérables. Bien que fort loin d'égaler le taux d'aujourd'hui, — Mme Viardot elle-même ne touchait que trois mille francs par mois, — les appointements des artistes, additionnés les uns aux autres, ne laissaient pas de former un chiffre élevé. En outre, plus qu'aucun de ses prédécesseurs, M. Carvalho avait habitué le public à la richesse de la mise en scène, au développement de la figuration, nécessités d'ailleurs par les pièces de large envergure vers lesquelles le portaient ses préférences.

Actif, énergique, toujours intrépide dans la lutte contre les chances adverses, M. Carvalho voulut, une fois encore, frapper un grand coup. Après *Ma Tante dort*, spirituel petit acte de Crémieux et Caspers où Mme Ugalde fit, à son ordinaire, admirer son talent d'adroite et ingénieuse comédienne, il donna *Philémon et Baucis*, sujet qu'Haydn avait autrefois traité pour marionnettes. L'échec fut complet. Malgré l'attrait d'une interprétation supérieure groupant les noms de Mme Carvalho, de Battaille, Balanqué et Fromant, on goûta médiocrement le premier et le troisième actes; on trouva monotone le deuxième, supprimé depuis, qui représentait une scène d'orgie antique. Cet ouvrage destiné, sous sa forme réduite en deux actes, à être joué si fréquemment à l'Opéra-Comique, ne compta alors que treize représentations.

Nous ne devons pas oublier, au commencement de 1860, *Gil Blas*, agréable ouvrage de Semet, le meilleur qu'il ait signé; personnellement, Mme Ugalde y réussit beaucoup, surtout dans certaine sérénade, objet de l'engouement général, et rapidement devenue populaire. Dans le genre de l'opéra-comique, *Gil Blas* est la seule œuvre en cinq actes que l'on ait jouée au Théâtre-Lyrique : à la salle Favart, *la Figurante* de Clapisson représente la même exception.

Découragé, guettant peut-être d'autre part la succession, qui semblait devoir être ouverte à bref délai, de Roqueplan à l'Opéra-Comique, M. Carvalho se retira. Le 1er avril 1860 il cédait la place à Charles Réty, qui, depuis quatre ans, remplissait auprès de lui les fonctions de secrétaire-général. Ce dernier poste allait être dorénavant occupé par M. Philippe Gille.

Dans l'exercice des fonctions, pour ainsi dire préparatoires. auxquelles, afin de prendre la direction, il venait de renoncer, Charles Réty, dont la réputation de compétence, de goût, de courtoisie, était légitimement établie, avait appris à connaître le fort et le faible du théâtre. C'était là pour lui, dans la nouvelle tâche qu'il assumait, une aide puissante. Mais les difficultés et les dangers étaient multiples. Sans témoigner autant d'empressement que l'eût vraisemblablement souhaité le préposé à la caisse, le public, nous l'avons dit, très « gâté », sous la gestion précédente, s'était habitué aux interprétations hors ligne, aux mises en scène relativement coûteuses. Or, il semblait dorénavant indispensable de réduire les frais de l'exploitation. D'ailleurs Mme Carvalho partait. Comment la remplacer ? Elle avait, en 1856, succédé à Mme Cabel ; celle-ci, à son tour, lui succéda. On reprit pour elle *le Bijou perdu* et *Jaguarita*. Mais le temps avait marché. Si la cantatrice avait conservé sa voix d'une agilité surprenante, le public, lui, s'était accoutumé à un style plus pur, plus sévère, et la présence de cette habile chanteuse ne constituait plus pour les auditeurs une attraction irrésistible.

En vue de triompher des divers obstacles que lui créaient les circonstances, M. Réty s'arrêta, en somme, au système le plus rationnel : reprendre quelques œuvres classées, dont la réussite ne pouvait faire question, et surtout en produire un très grand nombre d'inédites. Parmi ces dernières, ne pouvait-on rencontrer l'ouvrage privilégié qui amènerait à sa suite l'opulence ? Par malheur, comme nous le verrons ci-après, la fortune ne se montra que médiocrement bienveillante.

M. Carvalho avait, on s'en souvient, réservé une place très importante aux traductions. A cet égard un seul ouvrage — un chef-d'œuvre, il est vrai, — *Fidelio*, figure au mémorial de la direction Réty. Encore convient-il d'ajouter que cette reprise, si nous ne nous trompons, avait été étudiée par Carvalho, qui s'était occupé de la distribution des rôles. Ainsi qu'*Euryanthe*, la pièce eut à souffrir de la gaucherie des adaptateurs. Mme Viardot, malgré le talent dramatique qu'elle déploya dans le rôle principal, ne retrouva point l'extraordinaire succès d'*Orphée*, et l'ouvrage ne parcourut qu'une très courte carrière. La revanche, sur une autre scène parisienne, fut éclatante lorsque, dix années plus tard, *Fidelio* fut interprété à la Salle Ventadour par Fraschini et Mme Krauss, en de mémorables soirées qui marquèrent une date dans les souvenirs de tous les amateurs du grand art. Quant à l'artistique reprise du chef-d'œuvre de Beethoven effectuée à l'Opéra-Comique, par les soins de M. Albert Carré, avec une version française nouvelle de M. Antheunis et l'adjonction de récitatifs dus à M. Gevaert, elle est trop récente pour que nous puissions faire plus que la mentionner.

M. Réty devait être mieux traité par le sort en consacrant ses soins à des reprises d'œuvres de compositeurs nationaux précédemment jouées en France sur d'autres théâtres. Nous ne ferons que signaler, sans y insister autrement, une petite pièce de M. Debillemont antérieurement montée à Dijon ; mais le joli opéra-comique d'Hérold, *les Rosières*, obtint trente représentations. *Joseph* dépassa un peu ce chiffre. Le principal interprète était un amateur, M. Buzin, inscrit sur l'affiche sous le pseudonyme de Giovanni ; il avait pour partenaires M. Petit (Jacob) et Mlle Faivre (Benjamin). La reprise la plus fructueuse fut celle du *Val d'Andorre* qui trouva un sérieux regain de succès avec Battaille dans le rôle du vieux chevrier, sa plus brillante création à la salle Favart, Meillet, Monjauze, Fromant, Mme Meillet, et, dans le personnage de Georgette, Mlle Roziès ; cette dernière, dont on avait récemment remarqué les débuts dans *les Dragons de Villars,* était originaire d'une petite ville du Midi, Beaumont de Lomagne, à laquelle un souvenir est bien dû par celui qui a signé « B. de Lomagne » tant d'articles de critique.

Nous arrivons aux nouveautés. Leur nombre n'est pas médiocre, puisqu'il s'agit de trente-cinq actes répartis entre vingt-deux pièces dont quinze appartenaient à des auteurs non admis jusqu'alors au Théâtre-Lyrique. Nous signalerons parmi ceux-là Louis Lacombe et sa *Madone*, dont la valeur musicale était réelle ; suivant une disposition renouvelée plus tard par Hignard dans *Hamlet* et par M. Massenet dans *Manon*, le dialogue parlé y était soutenu par un dessin instrumental continu. Nous citerons aussi le prince Poniatowski, représenté par *Au travers du mur* que reprit, quelques mois après, l'Opéra-Comique ; — Ymbert et ses *Deux Cadis,* dont l'amusant livret était dû à M. Philippe Gille qui s'essayait ainsi comme librettiste d'opéra-comique ; — Sellenick, chef accompli d'orchestres militaires ; — M. Gastinel et son *Buisson vert* ; — M. G. Douay qui, depuis, a écrit de nombreux levers de rideaux pour les théâtres d'opérettes ; — le neveu de Meyerbeer, Jules Beer, et sa *Fille d'Égypte* ; — Dautresme, destiné à devenir ministre du Commerce sous la troisième République ; — enfin deux femmes, Mlles Rivay et Pauline Thys. Leurs ouvrages, joints à ceux de Mmes de Grandval et Pilté constituent le « quadrilatère » d'œuvres féminines chantées au Théâtre-Lyrique.

Mais, en réalité, deux productions nouvelles, fort différentes, devaient seules marquer durant cette direction : la seconde en date, *la Chatte merveilleuse*, de Grisar, avec Mme Cabel comme principale interprète, obtint un succès prolongé, assez lucratif, mais disparut sans laisser, par la suite, aucune trace.

Sur la première de ces deux œuvres, *la Statue*, il convient de s'arrêter un peu plus, ne serait-ce que pour rectifier quelques erreurs, trop généralement répandues, sur l'histoire du remarquable opéra de M. Reyer.

Et d'abord, *la Statue* n'eut pas la minime quantité de représentations à laquelle paraissait faire allusion le compositeur lui-même dans une lettre écrite à ce sujet. Elle ne fut pas jouée moins de cinquante-neuf fois, chiffre considérable pour l'époque ; elle l'eût même été davantage sans l'intervention de l'auteur ; en effet, pour éviter qu'elle ne fût donnée dans des conditions, selon lui, insuffisantes, M. Reyer, en 1863, fit judiciairement défendre à M. Carvalho, redevenu directeur, de maintenir son ouvrage sur l'affiche. A M. Carvalho, du reste, revenait l'honneur d'avoir reçu *la Statue;* Charles Réty, disposé à la renvoyer à une date indéterminée, ne se décida à la monter qu'après injonction de la Société des Auteurs, dont l'arbitrage avait été sollicité. Il s'exécuta alors de fort bonne grâce et n'épargna rien pour le succès. Répétée sous le titre provisoire des *Ruines de Balbek*, la pièce était encadrée dans des décors très pittoresques, d'après des photographies et d'autres documents rapportés d'Orient par un grand ami du compositeur, Maxime du Camp. La principale interprète était Mlle Baretti, artiste distinguée bien qu'un peu froide, qu'on a, depuis, revue à l'Opéra-Comique; elle avait récemment débuté dans *les Pêcheurs de Catane*, de Maillart, ouvrage qui n'avait guère réussi. Pour le surplus, *la Statue* était chantée par Monjauze, Balanqué, Wartel et Girardot. Le soir de la première, M. Deloffre, le vaillant « conducteur » de la « phalange instrumentale », trouva sur son pupitre un bâton de chef d'orchestre portant cette inscription : « Les auteurs de *la Statue* à M. Deloffre. » A dater de cette soirée, M. Reyer fut définitivement classé parmi les artistes les plus en vue de la jeune école musicale française.

Rappelons qu'en 1865 il fut question de reprendre *la Statue;* on confiait le personnage de Margyane à une chanteuse, Mme Saint-Urbain, que l'on avait applaudie aux Italiens. Ce projet n'aboutit point.

Cependant les recettes avaient sensiblement baissé. En 1860 elles étaient de cent mille francs inférieures à celles de 1859, déjà en diminution sur l'année précédente. En 1861, elles subirent encore une dépression de cent vingt mille francs. M. Réty, néanmoins, déployait dans la lutte une ténacité que rien ne pouvait décourager. La liste serait curieuse à établir de toutes les œuvres dont il méditait la représentation. Indiquons d'abord le dessein que, dans son désir d'encourager les jeunes, il avait formé : celui de confier un livret d'opéra-comique en cinq actes à cinq compositeurs qui eussent écrit chacun la musique d'un de ces actes. De plus il voulait donner *Noé*, œuvre posthume d'Halévy, inachevée, et qu'aurait, dans cette hypothèse, terminée Ambroise Thomas ; ce travail, on le sait, échut plus tard au gendre du musicien de *la Juive*, Bizet ; mais l'ouvrage ainsi mis au point n'a jamais été joué qu'en Allemagne. M. Réty songeait aussi à monter le *Roland à Roncevaux* de Mermet ; si l'on en juge par la brillante fortune de l'œuvre à l'Opéra, il eût peut-être trouvé là l'occasion de la revanche si ardemment souhaitée. Il importait de gagner du temps, de tenir jusqu'à l'ouverture de la nouvelle salle. En effet, le bâtiment où allait s'installer le Théâtre-Lyrique était presque prêt. Son imminente ouverture présentait au directeur en exercice une perspective des plus séduisantes. Stimulé par l'espoir d'un aussi avantageux « déménagement », M. Réty, en s'adressant à ses collaborateurs divers, compositeurs, instrumentistes, décorateurs, aurait pu, dans son théâtre vermoulu que désertait la foule, s'approprier en quelque manière la harangue de Masaniello au peuple, dans le vieil opéra de Carafa :

> Hélas ! quand je devrais
> Dans la terre promise
> Ne pénétrer jamais,
> Je marche à votre tête,
> Je m'expose pour vous aux coups de la tempête.

Il n'abandonna pas son poste : jusqu'au dernier moment il résista « aux coups de la tempête » ; mais il était, paraît-il, écrit qu'il ne pénétrerait pas dans la « terre promise », qu'il ne dépasserait pas le mont Nébo. C'est M. Carvalho qui, réintégré dans ses fonctions de directeur, devait, le 4 octobre 1862, étrenner la nouvelle salle.

DEUXIÈME PARTIE

LA SALLE DE LA PLACE DU CHATELET

Nous n'avons pas à décrire le Théâtre-Lyrique de la place du Châtelet, peu élégant à l'extérieur, mais, intérieurement, spacieux, bien distribué, de proportions heureuses. En dépit de l'incendie partiel de 1871, on a pu, de notre temps, le voir à peu près tel qu'il fut à l'origine, moins luxueux toutefois, et différent par un point : l'absence du plafond lumineux substitué au lustre traditionnel, et analogue à celui qui existe encore au théâtre d'en face. Mais, uniformément jaune au Châtelet, il était, au Lyrique, diversement coloré. Lors de l'ouverture, la question de ce mode d'éclairage fut controversée chaudement ; le mot est de circonstance, puisque, à cette époque où l'emploi de l'électricité était encore exceptionnel, il s'agissait d'un appareil à gaz. Les spectateurs des hautes places, en tout cas, ne se plaignirent point de cette innovation ; ils voyaient beaucoup mieux. D'une manière absolue, surtout en considération de la mode, qui nous vient de Bayreuth, de laisser la salle dans la pénombre pendant qu'on joue, ce système, à notre avis, est véritablement préférable.

La soirée d'inauguration eut lieu le jeudi 30 octobre, avec un spectacle assez court, où ne figurait qu'une seule œuvre inédite, un *Hymne à la musique* de Gounod, et où, par une sorte de coquetterie directoriale, M. Carvalho avait voulu grouper sous les yeux du public la troupe tout entière du théâtre. En particulier, l'élément féminin était brillamment représenté : au premier rang avait pris place Mme Carvalho, à qui, pour saluer sa rentrée, on fit, après l'air de « l'abeille », une ovation enthousiaste. Auprès d'elle on applaudit Mmes Viardot et Cabel, Mme Faure-Lefebvre, la piquante et spirituelle soubrette si longtemps appréciée à l'Opéra-Comique et qui bientôt allait se distinguer dans une reprise de *l'Épreuve villageoise*, Mmes Girard, Moreau, Faivre, etc. Quelques-unes, Mme Viardot en tête, n'allaient point tarder à disparaître ; mais M. Carvalho, l'on en pouvait avoir la certitude, était homme à les remplacer de façon satisfaisante. Parmi les chanteurs nous citerons Battaille, appelé, lui aussi, à se retirer prochainement, après sa création de *l'Ondine*, de Semet, le premier ouvrage monté par la direction nouvelle, œuvre toute d'actualité, comme on le fit plaisamment remarquer, puisque le choix de ce sujet aquatique coïncidait avec l'émigration du théâtre sur les rives de la Seine. Nous nommerons encore Sainte-Foy, qui devait également se retirer bientôt et rentrer au bercail, c'est-à-dire à l'Opéra-Comique, après une reprise du *Médecin* ; Balanqué, Reynal, le créateur de Valentin, Monjauze, Morini, Petit, si souvent chargé, par la suite, du rôle de Méphistophélès. N'oublions pas les excellents titulaires des petits emplois, déjà engagés ou sur le point de l'être : Mlle Albrecht, le gentil Antonio de *Richard*, Mmes Dubois, Vilhème, Duclos, la « dame

Marthe » de *Faust*, puis Legrand, Bonnet, Wartel, Gabriel, le légendaire petit père Bonheur de *la Fanchonnette*, Girardot, Leroy, Gerpré, qui, au Cirque Olympique, avait été un amusant prince de féerie.

La fin de l'année 1862 fut remplie par le répertoire et par la remise à la scène de deux ouvrages, *Robin des Bois* et surtout *Faust*, qui, maintenant objet de l'engouement, allait devenir l'une des sources les plus constantes de prospérité du Théâtre-Lyrique. Cette reprise eut lieu le 18 décembre. Peu d'ouvrages, nul ne l'ignore, ont eu, autant que *Faust*, à subir, au cours de leur carrière, des modifications de détail : substitution ou interversion de tableaux, pages tantôt ajoutées et tantôt supprimées. Cette fois l'on regretta la disparition d'un curieux effet scénique qui, à l'origine, avait beaucoup porté sur le public. La « scène de l'église », alors, ne se passait pas dans l'église, par suite d'une disposition peut-être plus acceptable. Cet épisode se déroulait au seuil du sanctuaire. Seulement, à la fin, par un truc ingénieux, les murs s'ouvraient lentement, de manière à laisser apercevoir la nef dans toute sa profondeur.

En dehors de deux levers de rideau inédits dont l'un portait la signature de Léo Delibes, nous ne rencontrons, dans les trois premiers mois de l'année 1863, que trois pièces déjà signalées, qui ne tinrent pas longtemps l'affiche : *l'Ondine*, *Peines d'amour* et la reprise de *l'Épreuve villageoise*.

C'est à la fin de l'année que M. Carvalho, accusant, plus encore que dans sa première direction, ses préférences pour l'opéra, allait donner coup sur coup deux nouveautés très importantes qui, hélas!

n'obtinrent pas le succès qu'elles méritaient : *les Pêcheurs de perles* et
les Troyens.

L'histoire de ces deux œuvres a été souvent racontée en grand
détail ; on leur a même consacré des monographies spéciales très
étendues. Nous considérons donc comme inutile de trop insister.
Notons toutefois, à propos des *Pêcheurs de perles*, une anecdote peu
connue. Michel Carré, l'un des librettistes, ne savait, aux répétitions,
quelle forme définitive donner au troisième acte, qui ne satisfaisait
personne. Il faisait continuellement part de ses hésitations au directeur, qui finit par lui dire un jour : « Mettez-le au feu ! » Ce mot de
« feu » qui, dans *Mignon*, prononcé, au cours de ses imprécations, par
la petite héroïne, détermine Lothario à livrer aux flammes le château
du comte, produisit sur le librettiste une impression analogue, mais
heureusement plus inoffensive. Il lui suggéra, dit-on, l'idée de placer
au dénouement un incendie. Rappelons aussi certaine exclamation,
tout ensemble ingénue et flatteuse pour le compositeur, poussée par
le collaborateur de Michel Carré, à l'issue de la première représentation : « Si nous avions connu le talent de M. Bizet, nous ne lui
aurions jamais donné cette pièce ! »

Au sujet de l'un et l'autre ouvrage il serait oiseux de remémorer
toutes les billevesées qu'ils inspirèrent à la critique, relativement à la
prétendue influence de la musique de l'avenir. « Un *fortissimo* en trois
actes », c'est ainsi qu'un feuilletonniste définissait *les Pêcheurs de
perles*, dont l'émouvant duo d'hommes, d'un style si grave et si pur,
adapté à d'autres paroles, fut chanté aux funérailles de l'auteur lui-

même. Cent onze ans auparavant on avait, lors de l'enterrement de Rameau, procédé de semblable façon, en exécutant des fragments de *Castor et Pollux*, fragments qui, d'après un narrateur contemporain, « firent verser des larmes en rappelant les talents de l'homme illustre que la nation venait de perdre ».

L'échec des *Troyens* fut plus lamentable encore que celui des *Pêcheurs*. Les rôles avaient été confiés à d'excellents interprètes, à Mme Charton-Demeur, une très émouvante Didon, à Monjauze, Petit, au tenorino Cabel, à qui, après quelques représentations, on supprima la jolie cantilène du matelot Hylas. Nombre d'autres coupures avaient été du reste effectuées, celle notamment du fameux intermède de la chasse, qu'avait motivée non seulement l'attitude hostile du public, mais un accident qui pouvait avoir des suites graves. Profitant du voisinage de la Seine, M. Carvalho avait imaginé, pour l'épisode de l'orage, un très pittoresque effet d'eau. Mais un signal malencontreusement donné faillit provoquer une inondation véritable, et on jugea prudent de ne pas renouveler l'expérience. L'ouvrage était du reste monté avec un grand luxe ; le bruit courut même, à tort, d'après ce que nous a affirmé M. Henri Carvalho, qu'à cet effet un anonyme, admirateur de Berlioz, avait envoyé trente mille francs au directeur. Malgré ces conditions favorables on vit sombrer, comme le vaisseau d'Enée, cette belle œuvre, dans l'analyse de laquelle nous n'avons pas ici à entrer.

Pour se relever, M. Carvalho donna, avec Mme Carvalho dans le rôle principal, une reprise de *la Perle du Brésil*, une perle, semblait-il, plus facile à faire valoir que celles des « Pêcheurs » de Bizet. Mais surtout, à la fin de l'année, il allait frapper un coup de maître en montant *Rigoletto*, l'ouvrage qui, après *Faust* et *Richard*, devait, au Théâtre-Lyrique, obtenir le plus gros chiffre de représentations. Sans parler de Monjauze dans le duc de Mantoue, les deux principaux rôles étaient brillamment tenus par Mlle de Maësen, de taille élégante, d'allure distinguée, douée d'une voix agile au timbre clair, et par Ismaël, ancien tailleur d'Agen, déjà un peu sur le retour, mais solide chanteur, et acteur pourvu d'un très vif sentiment de l'expression dramatique. Ces deux artistes avaient débuté ensemble dans *les Pêcheurs de perles*.

La mise à la scène de *Rigoletto* constituait une tentative d'ordre nouveau dont le succès eut une forte influence sur la suite de la gestion de M. Carvalho. Précédemment, les directeurs successifs du Théâtre-Lyrique s'étaient attachés à jouer, en fait de traductions, des œuvres un peu oubliées ou rarement représentées ailleurs. Avec *Rigoletto* M. Carvalho popularisait, « francisait » un ouvrage qui, à la Salle Ventadour, mais chanté en italien, était en pleine vogue. L'entreprise était hardie. Elle réussit entièrement, grâce à la haute valeur de cette musique, grâce aussi, nous l'avons dit, au mérite de l'interprétation.

L'année suivante, M. Carvalho ne fit pas moins de trois essais dans le même sens.

Le premier fut franchement mauvais avec *Norma*, beaucoup trop hâtivement montée. On avait voulu à tout prix devancer la Porte-Saint-Martin, où, à la faveur de la liberté des théâtres récemment décrétée, une reprise du même ouvrage avait été décidée ; Mlle de

Maësen ne possédait pas l'ampleur tragique qu'exigeait le rôle principal ; celui de Pollion était également trop lourd pour M. Puget qui, tant de fois alors, dans Blondel, déploya une chaleur et une conviction presque excessives.

Une seconde tentative fut plus heureuse avec *Don Pasquale,* où débuta, après avoir passé par la salle Favart, un artiste appelé à rendre de grands services, Troy, le frère de celui qui est encore, à l'heure présente, pensionnaire de l'Opéra-Comique. Pour la première fois alors, l'œuvre charmante de Donizetti fut jouée en costumes Louis XV et non en ajustements contemporains ; pareille modification fut, si nous ne nous trompons, apportée à la mise en scène traditionnelle de *la Somnambule* lorsque, trois ans après, M. Carvalho remonta l'opéra de Bellini ; on cessa notamment de représenter l'officier à qui l'héroïne du drame fait son involontaire visite nocturne, revêtu, comme aux Italiens, de la plus actuelle tenue d'ordonnance de l'infanterie de ligne.

Si *Don Pasquale* n'obtint, en définitive, qu'une demi-réussite, un succès triomphal était réservé à *la Traviata,* ou plutôt à *Violetta,* dénomination adoptée au Théâtre-Lyrique. Il est vrai que, dans la distribution, à côté de Monjauze et d'une recrue récente et excellente, le baryton Lutz, figurait Mlle Nilsson, la cantatrice suédoise dont depuis longtemps on annonçait l'apparition, en estropiant plus ou moins son nom, que tour à tour on orthographiait Nielson, Nelson ou Nilson.

Elle était alors d'une beauté étrange, avec sa figure intéressante si propre à éveiller la rêverie, ses yeux pleins de lumière et de mystère où semblait se jouer le reflet des lacs de sa patrie, ses cheveux d'or de princesse légendaire, son expression troublante et énigmatique. A ces charmes se joignait celui d'une voix exceptionnelle, d'une de ces voix « argentées » dont parle Rousseau, d'un organe où se mêlaient les sonorités du métal pur et du plus fin cristal. Nulle artiste n'a peut-être réalisé comme elle certains traits vocaux d'une audace inouïe, presque impossibles à rendre, ceux, par exemple, de la reine de la Nuit dans *la Flûte enchantée*.

Violetta avait terminé cette année avec éclat, comme *Rigoletto* avait clos l'année précédente. En cette double circonstance, la réussite des œuvres françaises inédites avait été dépassée par celle des œuvres étrangères connues.

Et cependant, en laissant de côté trois petits actes, dont deux, *Bégaiements d'amour* de Grisar et *le Cousin Babylas* de Caspers, se sont maintenus assez longtemps sur l'affiche, c'est en 1864 qu'avait été créée *Mireille*. On l'avait montée avec le plus grand soin, en confiant les rôles à des artistes de choix parmi lesquels brillait Mme Carvalho. D'autre part la vogue croissante de *Faust* avait presque complètement dissipé les préventions qui pendant assez longtemps avaient existé contre Gounod. La direction était donc en droit de compter sur un succès. Pourtant, cette œuvre si charmante, si personnelle, ne réussit ni sous sa forme originaire (19 mars), ni réduite en trois actes (15 décembre), avec la suppression, entre autres passages sacrifiés, du fameux défilé des noyés qui naguère avait soulevé une hilarité d'autant plus inattendue qu'il avait inspiré au compositeur de fort belles pages musicales. Cette coupure a été maintenue à l'Opéra-Comique, où l'ouvrage, comme l'on sait, est l'un des plus couramment joués du répertoire. Nous avons raconté ailleurs en détail les transformations successives qu'eut à subir *Mireille*. De même qu'Emile Augier, son collaborateur pour *Sapho*, son ami pour toute la vie, Gounod ne cessait de retoucher ses ouvrages.

Signalons seulement, à propos de *Mireille*, une singularité. A la reprise, si le nombre des scènes avait décru, celui des interprètes avait augmenté. Lors de la création, Mme Faure-Lefebvre tenait à la fois les rôles de Taven et d'Andrelou; elle ne garda que le dernier; l'autre fut pris par Mme Ugalde. Enfin, Morini avait été avantageusement remplacé par Michot.

Le bilan de l'année 1864 aurait dû s'augmenter d'un opéra en trois actes, *la Captive*, de Félicien David. La pièce avait été répétée durant plusieurs semaines, mais, — particularité peut-être unique dans l'histoire du théâtre contemporain,—compositeur et directeur se trouvèrent d'accord, la veille de la première représentation qui devait avoir lieu le 27 avril, pour ne pas affronter le verdict du public. La pauvre *Captive* fut réintégrée dans les cartons d'où elle ne devait plus sortir, et c'est à peine si quelques revues spéciales mentionnèrent un incident qui, aujourd'hui, vu l'importance de l'œuvre et le nom de l'auteur, susciterait mille commentaires. Que les temps sont changés !

En 1865 les nouveautés furent plus nombreuses qu'en 1864, mais non plus heureuses. Dans ce groupe de quinze actes constitués par sept pièces, nous n'appellerons l'attention que sur *le Roi Candaule*, la première œuvre de Diaz, avec Mlle Daram, aujourd'hui professeur au Conservatoire de Toulouse, qui avait récemment, non sans succès, débuté dans Chérubin, et sur *la Fiancée d'Abydos*, de Barthe, pièce couronnée à la suite d'un concours ouvert par la direction du Lyrique entre tous les prix de Rome non encore joués au théâtre. De cet ouvrage, froidement accueilli, il est resté un duo que faisaient bisser Lutz et Mme Carvalho et que l'on entend encore dans les concerts. N'omettons point un petit acte, *le Mariage de don Lope*, dû à un Hollandais, M. de Hartog. Le nom de ce compositeur évoque une particularité bien peu connue; nous la signalons aux curieux qui seraient tentés de dresser une liste complète des productions d'Émile Augier. M. de Hartog, en collaboration avec lui, était l'auteur d'une certaine *Portia*, fragmentairement exécutée à un concert de la Société de Sainte-Cécile en 1853, et dont nous n'avons retrouvé aucune autre trace.

Pour en finir avec les œuvres nouvelles produites durant cette période, disons immédiatement qu'en 1866 M. Carvalho, découragé par ces insuccès répétés, n'en donna que deux en un acte.

C'était, soit par le répertoire, soit grâce aux traductions, que le théâtre avait prospéré en 1865 et 1866. Nonobstant une clôture de deux mois en 1865, d'un mois en 1866, les recettes s'élevèrent à 903.308 fr. 25 c. pour la première de ces deux années, et pour la seconde, à 1.000.448 fr. 60 c.

De pareils totaux auraient bien surpris les premières directeurs du Théâtre-Lyrique, mais, même en les atteignant, leur successeur ne s'enrichissait point, par suite des exigences toujours grandissantes du public en fait de mise en scène, et, de plus, à cause du prix, d'année en année plus fort, auquel revenaient les émoluments de la troupe.

Mais aussi quels interprètes réunissait alors le Théâtre-Lyrique! A cet égard il n'y a qu'à se rappeler la distribution de *la Flûte enchantée*, œuvre d'une supériorité si transcendante, la plus allemande, comme on l'a justement remarqué, de toutes les productions dramatiques de Mozart. Il y avait là tous les éléments d'une véritable représentation modèle. Sur cette liste, à reproduire tout entière, figuraient Mme Carvalho (Pamina), Mlle Nilsson (la reine de la Nuit), Mme Ugalde (Papagena), Mmes Albrecht, Fonti et Estagel, Mmes Daram, Wilhème et Perret, dans les deux groupes, opposés avec tant de grâce et de finesse, des fées et des génies ; Michot (Tamino) et Troy (Papageno), Depassio, dont la voix était si extraordinairement profonde (Sarastro), Petit (Manès), Lutz (le noir Monostatos), Fromant (Psammis), Gerpré (Bamboloda), et dans les deux hommes d'armes, Gillant et Péront. Ce fut une vraie révélation pour le public, enfin « initié », pour parler le langage de la pièce elle-même, aux beautés délicates de cette merveilleuse partition. L'immense succès artistique se doubla d'un non moins notoire succès d'argent. Nous avons dit quelle place avaient tenue *les Noces* lors de la première direction Carvalho. Dans la deuxième, *la Flûte*, avec plus d'éclat peut-être encore, occupe un rang analogue.

Si *la Flûte* a laissé, en cette année 1865, une trace étincelante, ce n'est point le seul ouvrage d'origine étrangère qu'il convienne d'y signaler. Nous glisserons rapidement sur le *Macbeth* de Verdi. En dépit de passages âprement énergiques, d'un gracieux ballet écrit tout exprès par l'auteur, malgré le talent de Mme Rey-Balla, l'ouvrage ne se maintint pas sur l'affiche. Il en fut de même de la *Lisbeth* de Mendelssohn, pour laquelle on avait engagé spécialement un acteur aimé du public des Variétés, Charles Potier. Mais comment oublier *Martha*, avec son parfait quatuor d'interprètes, Michot et Troy, Mmes Dubois et Nilsson? Le rôle confié à cette dernière, et où elle obtint tant d'applaudissements, avait d'abord dû être chanté par Mlle de Maësen, puis par Mme Carvalho.

Comme dans *la Flûte*, Mmes Carvalho et Nilsson, allaient, en 1866, dans *Don Juan*, figurer ensemble, avec une tragique dona Anna, Mme Charton-Demeur, et, comme partenaires masculins, Barré (don Juan pour ses débuts), Michot, Troy et Depassio. Cette année fut celle « des trois *Don Juan* », l'Opéra et les Italiens ayant, en même temps que le Lyrique, repris l'ouvrage de Mozart. Le succès, pour le théâtre qui nous occupe, fut très grand sans doute, moins éclatant toutefois que celui de *la Flûte*. L'interprétation, par certains côtés, l'emportait sur celle des Italiens, où pourtant brillaient la Patti, Delle-Sedie, Mmes Penco et de Lagrange, et sur celle de l'Opéra ; mais l'Opéra, néanmoins, devait finalement triompher, grâce à Faure qui, de nos jours, est devenu l'incarnation la plus irréprochable et la plus haute du personnage principal.

On peut se demander, d'ailleurs, s'il convenait qu'un théâtre subventionné tel que le Lyrique, entamât cette sorte de lutte avec un autre théâtre ayant le même caractère officiel. Une rivalité analogue entre ces deux scènes devait, dans le cours de l'année, se produire, par une reprise, à la place du Châtelet, du vrai *Freïschütz*, remarquablement chanté, du reste, par Mmes Carvalho et Daram, MM. Michot et Troy. N'eût-il pas mieux valu, comme on le projeta un instant, monter *Armide* avec Mme Charton-Demeur, ou *Lohengrin* (le directeur y songea sérieusement alors) avec une certaine Mlle Hebbé, appelée tout exprès d'Allemagne? Après avoir été sur le point de créer, dans le *Sardanapale* de M. Joncières, le grand rôle féminin échu en définitive à Mlle Nilsson, cette cantatrice partit pour Varsovie, sans avoir eu l'occasion de se faire entendre à Paris. Entre temps, durant cette année, M. Carvalho avait donné une autre œuvre étrangère, populaire encore aujourd'hui en Allemagne, *les Joyeuses commères de Windsor* de Nicolaï. Malgré son incontestable valeur l'ouvrage n'obtint pas de succès.

Peu importait, en somme. Cela ne changeait rien au résultat significatif, déjà indiqué par nous : en 1865 et en 1866, comme dans les années précédentes, depuis la prise de possession du théâtre par M. Carvalho, le succès des traductions d'ouvrages étrangers avait fortement primé celui des œuvres françaises nouvelles. Certes, deux d'entre celles-ci, *Mireille* et *les Pêcheurs de Perles*, devaient, par la suite, devenir une source de revenus considérables. Mais il était dans la destinée de M. Carvalho, dont le sort, en cela, ne différait point de celui de la plupart des impresarios lyriques, de semer pour que d'autres récoltassent après lui. N'est-ce pas en vertu de cette loi que lui-même avait, autrefois, tiré profit de *la Fanchonnette*, reçue par le malheureux Pellegrin ? Au moins une nouveauté française, *Roméo et Juliette*, allait, en 1867, l'année de l'Exposition, éclipser la seule adaptation d'un ouvrage étranger que l'on tenta cette année-là, *la Somnambule*, déjà mentionnée, et insuffisamment interprétée par Mlle Jeanne Devriès. Quant à *Roméo*, nous n'avons point à en refaire l'histoire. Elle est beaucoup plus simple que celle des partitions antérieures de Gounod, bien que celle-là aussi ait été retouchée, augmentée d'un grand ensemble et d'un ballet, lors de son passage à l'Opéra. On sait que le rôle de Roméo, créé par Michot, avait été destiné à Capoul. Le succès fut des plus vifs et se marqua, en cette seule année 1867, par quatre-vingt-neuf représentations très productives. L'ensemble excellent de la distribution unissait au nom de Michot ceux de Mmes Carvalho, Daram, de MM. Troy, Cazaux et Barré.

En 1867, à la différence de 1866, les nouveautés furent nombreuses. Ne mentionnons que pour mémoire une malencontreuse *Déborah*, montée hâtivement ; on y vit un bal masqué qui mit la salle en joie ; les habitués, en effet, se divertissaient beaucoup en reconnaissant les costumes de tous les ouvrages du répertoire. Nous signalerons le *Sardanapale* de M. Joncières, son début au théâtre, dont il a subsisté un air de basse, d'une gravité non dépourvue de noblesse, que l'excellent chanteur Cazaux interprétait avec autorité ; — *les Bluets*, de Jules Cohen, la dernière création au Théâtre-Lyrique de Mlle Nilsson ; *Cardillac*, de Dautresme ; — enfin *la Jolie Fille de Perth*, de Bizet, ouvrage inégal, mais renfermant des scènes de premier ordre, et où

Lutz, dans le rôle de l'amoureux sacrifié, obtint la plus belle réussite de sa carrière théâtrale.

Avec la *Jolie Fille de Perth* se termine la partie active de la seconde direction Carvalho. Chose curieuse! L'an 1867 avait fourni un total de recettes énorme: 1.396.834 fr. 35 c. M. Carvalho paraissait à l'apogée, et en même temps il se sentait au déclin. Nous avons déjà indiqué quelques-unes des causes de cette situation ; il y en avait encore d'autres. La provision des œuvres d'origine étrangère, anciennes ou modernes, susceptibles d'alimenter lucrativement le répertoire, était à peu près épuisée; avec les ouvrages des jeunes on aboutissait à des déceptions. Puis, cette subvention tant souhaitée par M. Carvalho, cette subvention de cent mille francs, non sans peine obtenue, l'avait plutôt, en somme, embarrassé que servi. On lui demandait de rendre beaucoup plus qu'il ne recevait ; encore avait-il trop souvent esquivé l'exécution d'une des clauses, celle en vertu de laquelle il devait monter chaque année un ouvrage en trois actes d'un compositeur non joué jusque-là. Gautier n'avait peut-être pas tout à fait tort lorsqu'il soutenait plaisamment que l'on devrait subventionner les auteurs et non les directeurs. Pour ces derniers, surtout lorsqu'ils sont placés à la tête d'un « théâtre-lyrique », c'est-à-dire un théâtre d'essai qui, par la nature même des œuvres qu'il accueille, s'expose a de grands risques, cent mille francs ne suffisent en aucune manière ; il faudrait le double ou le triple.

Dès les premiers mois de 1868 les recettes s'abaissèrent. Une sorte de découragement s'était emparé du directeur, qui, jusqu'au 7 mai, date de la clôture, se borna à effectuer une reprise de *la Fanchonnette* avec Mme Carvalho, sans donner *une seule* nouveauté ! On réalisait ainsi cette condition extraordinaire jadis imposée à un directeur de l'Odéon par un ministre original, « lui interdisant de jouer des œuvres nouvelles ». Il est vrai que M. Carvalho avait toutes sortes de projets en tête. On s'était mis à répéter *Lohengrin*. On méditait de monter *le Timbre d'argent*, de M. Saint-Saëns, avec Mlle Schrœder, qui avait fait d'heureux débuts dans *Rigoletto*, Mlle Irma Marié et Troy. Enfin, et surtout, profitant de la position difficile du Théâtre-Italien, il vint à Carvalho l'idée que Perrin avait eue et réalisée sans succès. En conservant la direction subventionnée du Théâtre-Lyrique, il réserverait exclusivement cette scène, avec diminution du prix des places, aux œuvres françaises du répertoire, aux productions des jeunes auteurs dans le domaine de l'opéra-comique, tandis que les grands opéras et les traductions émigreraient à la Salle Ventadour. Celle-ci prenait, pour la deuxième fois, le nom de « Théâtre de la Renaissance », du moins trois fois par semaine, les autres soirs demeurant affectés à la troupe italienne. Le 16 mars eut lieu l'ouverture de cette « Renaissance » avec *Faust*, interprété par Mme Carvalho, Massy, un ténor vigoureux remarqué dans *la Jolie Fille de Perth*, et, pour le rôle de Méphistophélès, M. Giraudet, destiné à se créer une belle situation de chanteur. Par suite de l'insuffisance des appareils de chauffage, la salle était glaciale ; l'impression des spectateurs s'en ressentit. Au bout de quelques représentations, M. Carvalho renonça à cette double tâche. La clôture des deux théâtres se fit presque simultanément. A la salle de la place du Châtelet on ferma le 4 mai. M. Carvalho ne devait y rentrer que vingt-trois ans plus tard. Mais même alors, en dépit du changement de dénomination, — cette scène était devenue l'Opéra-Comique, — il en fit, conformément à la marche qu'il avait déjà suivie à la place Favart, un vrai Théâtre-Lyrique, où de véritables opéras tinrent une grande place dans le répertoire, et où il se trouva amené à rejouer nombre de pièces, étrangères ou françaises, qu'il avait montées jadis quand il présidait aux destinées du Théâtre-Lyrique proprement dit, depuis *les Dragons, le Médecin* et *Philémon* jusqu'aux *Troyens*, à *Mireille* et aux *Pêcheurs de perles*, depuis *les Noces* et *Orphée*, jusqu'à *la Flûte enchantée* et à *la Traviata*.

Les mêmes causes, quelle que soit la diversité des circonstances, engendrent les mêmes effets. La seconde fois comme la première, la succession de Carvalho était lourde à recueillir. Il semblait encore qu'il fallût, en le remplaçant, faire autrement que lui, et tout d'abord paraissait s'imposer inévitablement la nécessité de l'économie, obligation pénible à remplir avec un public que des distributions de premier ordre avaient rendu exigeant, un public auquel on avait donné l'accoutumance des étoiles et même des constellations.

Cependant les compétiteurs ne faisaient point défaut : si ingrate que soit une tâche de cette nature, il en est généralement ainsi. Au premier rang de ces téméraires figurait M. Martinet, dont nous retrouverons le nom à la fin de notre étude. Entre les prétendants on comptait aussi Pasdeloup. Ce fut ce dernier qui l'emporta, malheureusement pour lui, car il devait traîner toute sa vie le poids dont le chargea cette malchanceuse gestion. Aucune candidature, du reste, ne pouvait rencontrer plus de sympathies.

L'éloge de Pasdeloup n'est plus à faire. Sur ce point il y a unanimité. Il a rendu à l'art un service impossible à oublier, et d'une importance extrême, par la création des Concerts Populaires. Dans les programmes si variés de cette belle entreprise, il montra le plus intelligent et le plus louable éclectisme. Des milliers d'auditeurs ont, grâce à lui, fait une connaissance intime avec les chefs-d'œuvre classiques. D'autre part il a vaillamment lutté, et non sans succès, pour Berlioz et pour Wagner. Il a mis leurs ouvrages, ignorés ou contestés, en contact avec le public. Parallèlement, il a « lancé » tous les jeunes de l'époque, Massenet et Saint-Saëns, Guiraud et Bizet, etc. Aussi, comprenant toute la valeur, toute la portée de l'œuvre à laquelle s'était voué Pasdeloup, lui a-t-on récemment décerné, d'une manière un peu tardive, sans doute, un hommage mérité et point banal. On a fait mieux que donner son nom à une place ; on a inventé une place pour lui donner son nom.

Si, malgré son indéniable capacité, Pasdeloup, dans son exploitation théâtrale, ne réussit pas, il n'y a pas lieu de trop s'en étonner. De multiples difficultés étaient d'abord inhérentes à la situation elle-même. Et puis, la direction d'un concert et celle d'un théâtre sont choses fort distinctes. Ces deux fonctions impliquent des aptitudes différentes. Pasdeloup, comme impresario théâtral était inexpérimenté. Il tâtonna. Or l'hésitation ne pouvait être de mise dans la position tendue, critique, que lui avaient préparée les événements. On doit songer que si l'année 1867 avait rapporté plus de treize cent mille francs, la somme encaissée en 1868, avec cinq mois et demi de clôture, il est vrai, ne s'éleva, en additionnant les recettes perçues sous les deux gestions successives, qu'à 387.968 francs.

Les pièces nouvelles montées par Pasdeloup, et toutes données en 1869, ne dépassent point le chiffre de trois : un petit acte de Guiraud, *En prison*, qui, depuis plusieurs années, dans la paix des cartons, attendait tranquillement son tour ; — un opéra-comique en trois actes, dû à l'indissoluble collaboration de M. Jules Barbier et de Michel Carré, *Don Quichotte*, livret qui après avoir passé par les mains d'Offenbach, avait finalement été mis en musique par M. Boulanger ; cet ouvrage, où l'on distingua quelques passages bien venus, fut interprété par une charmante artiste Mlle Priola, dont nous reparlerons tout à l'heure, par Meillet, un Sancho réjouissant, et par Giraudet, dont le physique s'appropriait merveilleusement au chevalier de la Triste Figure ; — enfin, *le Dernier Jour de Pompéï*, de deux librettistes non moins inséparables, Nuitter et Beaumont, musique de M. Joncières. Lorsque cette dernière œuvre arriva devant la rampe, Pasdeloup était malade. On s'en aperçut le soir de la première, dont nous avons déjà conté les péripéties plaisantes, — pour tout le monde hormis pour l'infortuné compositeur.

Afin de compenser cette parcimonie relative dans les productions nouvelles, Pasdeloup procéda à de nombreuses reprises, et surtout il monta quelques ouvrages étrangers, curieux à un titre quelconque, ou qui, étant totalement oubliés, équivalaient, par le fait, à des nouveaux. En un mot, par des moyens divers, il essaya, ce qui, après tout, était digne d'approbation, d'enrichir et de transformer quelque peu le répertoire. Il était d'ailleurs artistement secondé dans la direction de l'orchestre qu'il s'était réservée au lieu et place de Deloffre, par M. Mangin, à qui, par parenthèse, fut confiée la musique d'un à-propos, *la Fête de la France*, joué le 15 août 1869.

La première reprise à laquelle Pasdeloup donna ses soins fut celle du *Val d'Andorre*, avec une débutante, Fidès Devriès, qui fut par la suite, à l'Opéra, une « grande favorite ». Encore bien inexpérimentée, elle fit du moins beaucoup apprécier sa rare beauté, sa distinction, le charme exquis, la grâce chaste dont son allure était empreinte.

Ensuite on joua tour à tour *le Barbier de Séville* qui avait déserté l'affiche depuis dix ans, *l'Irato* qui, mal chanté, n'obtint qu'une représentation, *le Maître de chapelle* et *le Brasseur de Preston* qui n'avait jamais figuré au programme du Théâtre-Lyrique; Mlle Daram et Meillet s'y firent beaucoup applaudir, et la pièce fut donnée soixante fois.

A ces quatre reprises, avant la fin de l'année 1868, s'en ajouta une autre, tout à fait intéressante, celle d'*Iphigénie en Tauride*, le dernier et peut-être le plus parfait des chefs-d'œuvre de Gluck. Par malheur, avec Mme Lacaze, Bosquin alors débutant, et M. Aubéry, l'interprétation n'était que suffisante, ce qui, en français, selon la malicieuse remarque de Banville, veut dire qu'elle ne suffisait pas. Il eût fallu quelque chose de plus, afin de forcer l'attention et l'admiration du public mis en face de cette œuvre si grande mais si austère.

Ce n'était là, pour Pasdeloup, que des combats préliminaires. Après deux représentations du dernier acte de *Roméo et Juliette*, de Vaccaj, après la pièce déjà citée de Guiraud, *En prison*, après la reprise de *la Poupée de Nuremberg*, ce fut seulement le 6 avril 1869 que le directeur risqua une importante bataille avec le *Rienzi* de ce Wagner qu'il semblait avoir juré de révéler et de faire aimer à la France.

Nous n'avons point perdu la mémoire de cette soirée. La place que nous réussîmes à nous procurer au quatrième étage, nous l'avions bien gagnée en faisant queue depuis onze heures du matin, en compagnie notamment de deux amateurs non moins convaincus que nous, Ménard-Dorian et Stoullig. On s'attendait à ce qu'un des plus graves écrivains de notre temps a osé nommer « du boucan ». Il n'y en eut pas. On écouta la pièce attentivement, et, selon l'expression de M. Loyal, de Molière, « sans passion ». Peut-être eût-il mieux valu moins de tiédeur. L'interprétation pouvait être tenue pour satisfaisante. Elle comprenait les deux ténors Monjauze et Massy, Lutz, Giraudet, Mmes Sternberg, Borghèse, la créatrice des *Dragons*, bien fatiguée, et Mlle Priola qui, dans le rôle charmant, si purement dessiné, du messager de paix, enchanta et conquit son public. Une espèce d'indifférence peu justifiée répondit à la tentative, hardie en somme et intéressante, de Pasdeloup. Il essaya de se dédommager avec la traduction française du *Bal masqué* ; mais dans la distribution, quoique bonne, manquait, comme précédemment, l'élément supérieur; il y avait trop notable infériorité en comparaison de la troupe que les Italiens avaient mise ou mettaient encore au service de l'élégante et dramatique partition de Verdi.

Pasdeloup recourut aussi à un opéra dont il avait été maintes fois question : *la Bohémienne* de Balfe. On y constata la décadence de Mme Wertheimberg qui jadis avait, la première, incarné Pygmalion dans *Galathée*; en revanche, ce fut un des plus brillants succès que rencontra dans sa carrière Mme Brunet-Lafleur, qui arrivait de l'Opéra-Comique. La pièce, célèbre dans toute l'Europe, était, on le sait, d'origine anglaise. C'est la seule de cette provenance que l'on ait montée au Théâtre-Lyrique, puisqu'on y avait renoncé au projet, un instant débattu, de donner un ouvrage de Benedict, anglais d'ailleurs à peu près au même titre que Händel, et que, l'année suivante, on ne se décida pas davantage, après y avoir pensé, pour la *Lurline*, de Wallace.

La plupart des œuvres précitées, nouvelles ou non, françaises ou étrangères, avaient, à des degrés divers, intéressé les amateurs, mais aucune n'avait positivement rempli la caisse du théâtre. Les recettes de 1869, avec trois mois de clôture, n'allaient guère au delà de 400.000 francs. Le 1er février 1870, le pauvre Pasdeloup se voyait contraint d'abandonner la partie. La succession fut briguée par plus d'un aspirant, entre autres, fait assurément imprévu et assez bizarre, par Carvalho lui-même. Mais, en définitive, les artistes décidèrent de se constituer en Société.

Nous arrivons à la période suprême. Plusieurs pièces furent alors mises à l'étude : *la Chaste Suzanne*, de Monpou, autrefois créée à la Renaissance ; *l'Ombre*, ouvrage nouveau de Flotow, dont la première représentation, annoncée, puis retardée du fait de Mme Cabel, eut lieu sur une autre scène, à l'Opéra-Comique. La clôture s'effectua le 31 mai par un spectacle coupé, où l'on fit 7.400 francs de recette ; de tels chiffres étaient hélas ! inconnus depuis longtemps. Jusqu'à cette fermeture on ne donna aucune nouveauté ; quant aux reprises, il n'y en eut qu'une, intéressante d'ailleurs, celle de *Charles VI*, d'Halévy, où Mlle Bloch, obligeamment prêtée par M. Perrin, se substitua au dernier moment à Mme Brunet-Lafleur, tandis que Mlle Daram prenait la place de Mlle Schroeder qui avait répété le rôle d'Isabeau. Les autres interprètes étaient MM. Lutz, Massy, très en voix, Giraudet, Caillot, Coppel, Legrand, Bacquié et Jalama.

Quand on songe que la guerre, ayant pour conséquence les désastres et l'invasion, allait éclater quelques semaines plus tard, il est trop aisé de remarquer ce qu'après coup certains vers de *Charles VI* pouvaient paraître avoir contenu d'allusions prophétiques, ceux-ci par exemple :

> Un jour voit mourir une armée
> Mais un peuple ne meurt jamais.

Nous sommes parvenu au terme de notre travail. Nous n'entrerons point dans le détail des réflexions qu'il peut suggérer aux lecteurs attentifs.

Nous nous bornerons à une seule observation. Les événements de

1870-71 — nous avons eu, en divers ouvrages, maintes occasions de le faire observer — n'eurent pas immédiatement, sur l'évolution du théâtre en France, l'influence qu'ils auraient semblé devoir exercer. Ils ne diminuèrent pas notre prédilection pour l'art dramatique, et les pièces représentées au lendemain de nos épreuves se distinguèrent peu de celles que l'on jouait à la veille de la guerre.

Sur un point, cependant, il y eut, presque tout de suite, modification dans les goûts régnants. Par une transformation assez inattendue au lendemain d'une lutte avec l'Allemagne, Wagner gagna rapidement du terrain, lui dont le *Rienzi*, un peu auparavant, avait été, on l'a vu, accueilli sans protestation mais aussi sans vif enthousiasme. Sous l'influence des théories et des œuvres wagnériennes, il se produisit parmi les amateurs et même dans la masse du public une aspiration vague mais générale vers une formule nouvelle. Sans doute l'idée que l'on se faisait alors du « drame lyrique », si à la mode aujourd'hui, n'était pas très précise ; elle existait néanmoins à l'état embryonnaire. Or, dans la crise que nous traversâmes, un seul théâtre disparut, et il se trouva que ce fut précisément celui où aurait pu le mieux se satisfaire et se réaliser la tendance que nous venons de signaler. Ce théâtre disparut, disons-nous, car il est impossible de considérer comme sérieuse la tentative faite par M. Martinet après la Commune, après l'abandon des locaux, d'ailleurs incendiés, du Châtelet, pour continuer, dans les sous-sols de l'Athénée, avec une subvention réduite, une exploitation devenue, en ces conditions, désavantageuse et même impraticable.

Quant à l'Opéra-Comique, ainsi que nous l'avons déjà expliqué, autant par les préférences artistiques de ses directeurs que par l'irrésistible force des choses, il devint, il est vrai, dans une certaine mesure, l'héritier du Théâtre-Lyrique, mais ce fut au détriment du genre déterminé qui constituait sa raison d'être. En résumé, là où il y avait eu, antérieurement, deux théâtres, il n'y en eut plus qu'un, et cela, juste au moment où la coexistence de deux scènes lyriques distinctes, parallèles au grand Opéra, apparaissait comme plus particulièrement nécessaire.

Mars 1899.

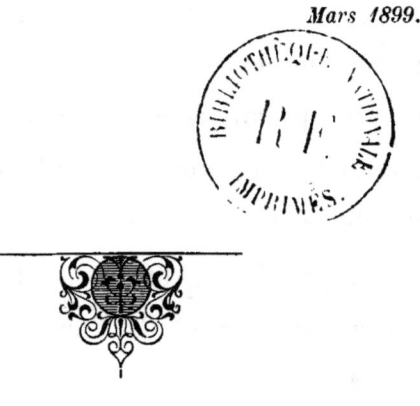

TABLE

	PAGES
Préface	V
PREMIÈRE PARTIE. — La salle du Boulevard du Temple . .	1
DEUXIÈME PARTIE. — La salle de la Place du Chatelet . .	35

IMPRIMERIE CHAIX, RUE BERGERE, 20, PARIS. — 7008-3-99. — (Encre Lorilleux).

THÉATRE-
OUVRAGES REPRÉSENTÉS DU 27

TITRES DES PIÈCES	DATE de la PREMIÈRE	NOMS DES AUTEURS	51	52	53	54	55	56	57	58	59	60	61	62	63	64	65	66	67	68	69	70
Orphée	5 oct. 1762	Opéra 3 a., Moline et GLUCK										20	76	28	12	2						
Le Tableau parlant	20 sept. 69	Op. C. 1 a., Anseaume et GRÉTRY				3														11	4	
Iphigénie en Tauride	18 mai 79	Opéra 4 a., Guillard et GLUCK						55	17		9	6										
L'Enlèvement au sérail	12 juill. 82	Op. C. 2 a., P. Pascal et MOZART											26	19	3							
L'Epreuve villageoise	24 juin 84	Op. C. 2 a., Desforges et GRÉTRY				42	28	17	45	31	17	6	15	9	24	31	24	13				
Richard Cœur de Lion	21 oct. —	Op. C. 3 a., Sedaine et GRÉTRY						89	47	9		38	12	5								
Les Noces de Figaro	28 avril 86	Op. C. 4 a., Carré, J. Barbier et MOZART										18				53		17				
Don Juan	4 nov. 87	Opéra 5 a., Trianon, E. Gautier et MOZART													117	10	37	8				
Peines d'amour (Cosi fan tutte)	26 janv. 90	Opéra 4 a., Carré, J. Barbier et MOZART																				
La Flûte enchantée	30 sept. 91	Op. C. 4 a., Nuitter, Beaumont et MOZART			16																	
Les Visitandines	7 juill. 92	Op. C. 2 a., Picard et DEVIENNE																1				
Ambroise	12 janv. 93	Op. C. 1 a., Monvel et DALAYRAC	5																			
Maison à vendre	20 oct. 1800	Op. C. 1 a., A. Duval et DALAYRAC	11	9																		
L'Irato	17 févr. 01	Op. C. 1 a., Marsollier et MÉHUL																				
Ma Tante Aurore	13 janv. 03	Op. C. 1 a., Longchamps et BOIELDIEU	27	19	14		10															
Fidelio	20 nov. 05	Opéra 3 a., Carré, J. Barbier et BEETHOVEN							11													
Joseph	17 févr. 07	Op. b. 3 a., A. Duval et MÉHUL										27	10									
Les Rendez-vous bourgeois	9 mai —	Op. C. 1 a., Hoffman et NICOLO	21	21																		
Le Diable à quatre	30 nov. 09	Op. C. 3 a., Creuzé de Lesser et SOLIÉ			16	7																
Abou-Hassan	4 juin 11	Op. C. 1 a., Nuitter, Beaumont et WEBER							21													
Le Barbier de Séville	26 déc. 16	Op. C. 4 a., Castil-Blaze et ROSSINI	19	10	4	15	6	14		8							21	26	3			
Les Rosières	27 janv. 17	Op. C. 3 a., Théaulon et HÉROLD								25	5											
La Pie voleuse	31 mai —	Opéra 3 a., Castil-Blaze et ROSSINI		7																		
Preciosa	14 mars 21	Op. C. 3 a., Beaumont, Nuitter et WEBER				34	27															
Le Maître de chapelle	29 mars —	Op. C. 1 a., Sophie Gay et PAER	29	33	8	34	43	11	1										8	13	2	
Robin des Bois (Le Freischütz)	18 juin —	Opéra 3 a., Castil-Blaze et WEBER					59	15	8	7	7		10	22			11	49	13			
Le Solitaire	17 août 22	Op. C. 3 a., de Planard et CARAFA					6	9														
Euryanthe	25 oct. 23	Opéra 3 a., de Leuven, de Saint-Georges et WEBER					28															
Obéron	12 avril 26	Opéra 3 a., Nuitter, Beaumont, Chazot et WEBER					68	15					17									
Marie	12 août —	Op. C. 3 a., de Planard et HÉROLD					26	12														
Lisbeth	26 déc. 29	Op. C. 2 a., J. Barbier et MENDELSSOHN										8										
La Somnambule	6 mars 31	Opéra 3 a., Et. Monnier et BELLINI												12								
Norma	26 déc. —	Opéra 3 a., Et. Monnier et BELLINI									8		5									
Le Postillon de Lonjumeau	13 oct. 36	Op. C. 3 a., de Leuven, Brunswick et ADAM			19	8	1															
Le Brasseur de Preston	31 oct. 38	Opéra 3 a., de Leuven, Brunswick et ADAM													5	43	12					
Le Panier fleuri	6 mai 39	Op. C. 1 a., de Leuven, Brunswick et A. THOMAS			23																	
La Reine d'un jour	19 sept. —	Op. C. 3 a., Scribe, de Saint-Georges et ADAM				25	2															
Les Travestissements	16 nov. —	Op. C. 1 a., P. Deslandes et GRISAR	6	2																		
Les Deux Voleurs	26 juin 41	Op. C. 1 a., de Leuven, Brunswick et GIRARD		31	6																	
Le Roi d'Yvetot	13 oct. 42	Op. C. 3 a., de Leuven, Brunswick et ADAM		8																		
Rienzi	20 oct. —	Opéra 5 a., Nuitter, Guillaume et WAGNER															37	1				
Don Pasquale	4 janv. 43	Op. C. 3 a., A. Royer, G. Vaëz et DONIZETTI										30	5									
Charles VI	15 mars —	Opéra 5 a., C. et G. Delavigne et HALÉVY															22					
La Bohémienne	27 nov. —	Opéra 4 a., de Saint-Georges et BALFE											5				1	28				
La Sirène	26 mars 44	Op. C. 3 a., Scribe et AUBER					16	1														
Macbeth	14 mars 47	Opéra 3 a., Nuitter, Beaumont et VERDI											14									
Gastibelza	15 nov. —	Opéra 3 a., d'Ennery, Cormon et MAILLART							14	1												
Martha	16 nov. 48	Op. C. 4 a., de Saint-Georges et de FLOTOW										6	76	48	28	5						
Le Val d'Andorre	11 nov. —	Op. C. 3 a., de Saint-Georges et HALÉVY										34	44	1		28	22	6				
Les Joyeuses Commères de Windsor	9 mars 49	Opéra 3 a., J. Barbier et NICOLAI										7										
Rigoletto	11 mars 51	Opéra 4 a., Ed. Duprez et VERDI											3	83	53	31	25	9	32	8		
Mosquita la sorcière	27 sept. —	Op. C. 3 a., Scribe, G. Vaëz et BOISSELOT	21	4																		
Murdock le bandit	23 oct. —	Op. C. 3 a., de Leuven et GAUTIER	24	13																		
Joanita	19 nov. —	Op. C. 1 a., Ed. Duprez et G. DUPREZ																				
La Perle du Brésil	22 nov. —	Opéra 3 a., Gabriel, Sylv. St-Étienne et Fél. DAVID	17	47	4					39	9			15	13							
La Butte des Moulins	6 janv. 52	Opéra 3 a., Gabriel, de Forges et AD. BOIELDIEU	17																			
Le Mariage en l'air	26 janv. —	Op. C. 1 a., de Saint-Georges, Dupin et E. DÉJAZET	22																			
La Poupée de Nuremberg	21 févr. —	Op. C. 1 a., de Leuven, Arth. de Beauplan et ADAM	47	16	2													23	11			
Les Fiançailles des roses	id. —	Op. C. 2 a., J. Seveste, Deslys et VILLEBLANCHE	24																			
Si j'étais Roi	4 sept. —	Op. C. 3 a., d'Ennery, Brésil et ADAM	66	19	5		19	6	19	10	19	2		15								
Flore et Zéphire	2 oct. —	Op. C. 1 a., de Leuven, Deslys et GAUTIER	41	13	32	20																
Choisy-le-Roi	14 oct. —	Op. C. 2 a., de Leuven, Carré et GAUTIER	16	6																		
La Ferme de Kilmoor	27 oct. —	Op. C. 2 a., Deslys, Worstyn et VARNEY	9																			
Guillery le trompette	8 déc. —	Op. C. 2 a., de Leuven, Arth. de Beauplan et SARMIENTO	6	19																		
Tabarin	22 déc. —	Op. C. 2 a., Alboize et BOUSQUET	4	18																		
Le Lutin de la vallée	22 janv. 53	Op. C. 2 a., Alboize, Carré et GAUTIER		33																		
Le Sourd	2 févr. —	Op. C. 3 a., de Leuven, Langlé et ADAM		45	16	12	12	18	9	20	1											
Violetta (la Traviata)	6 mars —	Opéra 4 a., Ed. Duprez et VERDI											25	26	20	9	8	14				
Les Amours du Diable	11 mars —	Op. C. 4 a., de Saint-Georges et GRISAR		48																		
Le Roi des halles	11 avril —	Op. C. 3 a., de Leuven, Brunswick et ADAM		35	4																	
Colin-Maillard	28 avril —	Op. C. 1 a., Carré, J. Verne et HIGNARD		39	6																	
L'Organiste dans l'embarras	17 mai —	Op. C. 1 a., Alboize et WEKERLIN		11	26																	
La Moissonneuse	3 sept. —	Opéra 4 a., Bourgeois, Masson et VOGEL		26																		
La Princesse de Trébizonde	4 sept. —	Prol. 1 a., de Leuven, Alboize et BOYER		11																		
Bonsoir Voisin	20 sept. —	Op. C. 1 a., Brunswick, Arth. de Beauplan et POISE		31	15	23	16	1														
Le Bijou perdu	6 oct. —	Op. C. 3 a., de Leuven, de Forges et ADAM		40	27	12	8						33	12								
Le Danseur du Roi	22 oct. —	Op. b. 2 a., Alboize, Saint-Léon et GAUTIER		11																		
Georgette	28 nov. —	Op. C. 1 a., G. Waëz et GEVAERT		12																		
Elisabeth	31 déc. —	Opéra 3 a., de Leuven, Brunswick et DONIZETTI		1	34																	
Les Étoiles	6 févr. 54	Op. B. 1 a., Clairville, Barrez et PILATI			17																	
La Fille invisible	16 mars —	Op. C. 3 a., de Saint-Georges, Dupin et AD. BOIELDIEU			19	1																
La Promise	16 mars —	Op. C. 3 a., de Leuven, Brunswick et CLAPISSON			57	3																
Une Rencontre dans le Danube	16 avril —	Op. C. 2 a., G. Delavigne, J. de Wailly et HENRION			18	4																
Maître Wolfram	20 mai —	Op. C. 1 a., Méry, Th. Gautier et REYER			13	4																
Le Billet de Marguerite	7 oct. —	Op. C. 3 a., de Leuven et GEVAERT			31	10																
Schaabaham II	31 oct. —	Op. C. 1 a., de Leuven, Carré et GAUTIER			23	18																
Le Roman de la rose	29 nov. —	Op. C. 1 a., J. Barbier, J. Delahaye et P. Pascal			11	9																
			51	52	53	54	55	56	57	58	59	60	61	62	63	64	65	66	67	68	69	70

LYRIQUE
SEPTEMBRE 1851 AU 1er JUIN 1870

TITRES DES PIÈCES	DATE de la PREMIÈRE		NOMS DES AUTEURS	51	52	53	54	55	56	57	58	59	60	61	62	63	64	65	66	67	68	69	70
Le Muletier de Tolède	16 déc. 1854		Op. C. 3 a., d'Ennery, Clairville et ADAM				7	47															
A Clichy	24 déc. —		Op. C. 1 a., d'Ennery, Grangé et ADAM				4	72	13														
Dans les vignes	31 déc. —		Op. C. 1 a., Brunswick, Arth. de Beauplan et CLAPISSON				1	18															
Les Charmeurs	7 mars 55		Op. C. 1 a., de Leuven et POISE					44	16	—	6												
Lisette	10 avril —		Op. C. 2 a., Sauvage et ONTOLAN					11															
Jaguarita	14 mai —		Op. C. 3 a., de Saint-Georges, de Leuven et HALÉVY					84	8						18	14							
Les Compagnons de la Marjolaine	6 juin —		Op. C. 1 a., Carré, J. Verne et HIGNARD					24															
L'Inconsolable	13 juin —		Op. C. 1 a., de Saint-Georges, de Leuven et HALÉVY					20															
Une Nuit à Séville	14 sept. —		Op. C. 1 a., Nuitter, Beaumont et Fr. BARBIER					26															
Les Lavandières de Santarem	25 oct. —		Op. C. 3 a., d'Ennery, Grangé et GEVAERT					21	2														
Rose et Narcisse	21 nov. —		Op. C. 1 a., Nuitter, Beaumont et Fr. BARBIER					11															
Le Secret de l'oncle Vincent	24 nov. —		Op. C. 1 a., Boisseaux et DE LAJARTE					11	31	3													
L'Habit de noce	29 déc. —		Op. C. 1 a., d'Ennery, Bignon et CUZENT					1	19														
Falstaff	18 janv. 56		Op. C. 1 a., de Leuven, de Saint-Georges et ADAM						23														
La Fanchonnette	1 mars —		Op. C. 3 a., de Leuven, de Saint-Georges et CLAPISSON						112	9	2	38								31			
Mam'zelle Geneviève	22 mars —		Op. C. 2 a., Brunswick, Arth. de Beauplan et ADAM						10														
Le Chapeau du Roi	16 avril —		Op. C. 1 a., Ed. Fournier et H. CASPERS						10														
Les Dragons de Villars	19 sept. —		Op. C. 3 a., Cormon, Lockroy et MAILLART						47	26	20		25	16	19	3							
La Reine Topaze	27 déc. —		Op. C. 3 a., Lockroy, Battu et V. MASSÉ						2	113	7		9				17	7	15				
Les Nuits d'Espagne	26 mai 57		Op. C. 1 a., Carré et SEMET							22	24												
Les Commères	10 juin —		Op. C. 1 a., de Leuven, Grandvallet et MONTUORO							4													
Le Duel du commandeur	Id.		Op. C. 1 a., Boisseaux et DE LAJARTE							5													
Maître Griffard	3 oct. —		Op. C. 1 a., Mestépès et Léo DELIBES							31	26	7											
Margot	5 nov. —		Op. C. 3 a., de Leuven, de Saint-Georges et CLAPISSON							25	5												
La Demoiselle d'honneur	30 déc. —		Op. C. 3 a., Mestépès, Kaufmann et SEMET							1	33	8											
Le Médecin malgré lui	15 janv. 58		Op. C. 3 a., Carré, J. Barbier et GOUNOD								58	22	4			15			6	21	4	—	12
L'on Almanzor	16 avril —		Op. C. 1 a., Ulbach, Labat et DE VILBAC								18												
L'Agneau de Chloé	9 juin —		Op. C. 1 a., Clairville et MONTAUBRY								10												
La Harpe d'or	8 sept. —		Op. C. 2 a., Jaime fils, E. Dubreuil et GODEFROY								9												
Broskovano	29 sept. —		Op. C. 2 a., Boisseaux et DEFFÈS								29	5											
Astaroth	12 févr. 59		Op. C. 1 a., Boisseaux et DESILLEMONT									27									24	41	
Le Bal masqué	17 févr. —		Opéra 4 a., Ed. Duprez et VERDI									25											
La Fée Carabosse	28 févr. —		Op. C. 3 a., Lockroy, Cogniard et MASSÉ									57				7	53	68	7	51	56	7	
Faust	19 mars —		Opéra 5 a., J. Barbier, Carré et GOUNOD									23	5										
Les Petits Violons du Roi	30 sept. —		Op. C. 1 a., Scribe, Boisseaux et DEFFÈS									9	13										
Mam'zelle Pénélope	3 nov. —		Op. C. 1 a., Boisseaux et DE LAJARTE									22				40		—	5				
Ma Tante dort	21 janv. 60		Op. C. 1 a., H. Crémieux et H. CASPERS										62	10									
Philémon et Baucis	18 févr. —		Opéra 3 a., Carré, J. Barbier et GOUNOD										37	19	5								
Gil Blas	24 mars —		Op. C. 5 a., Gille, J. Barbier, Carré et SEMET										33										
Les Valets de Gascogne	2 juin —		Op. C. 1 a., Gille, Furpille et Mlle RIVAY										3										
Maître Palma	17 juin —		Op. C. 2 a., Gille, Furpille et YMBERT										11										
L'Auberge des Ardennes	1 sept. —		Op. C. 1 a., Carré, J. Verne et HIGNARD										11										
Crispin rival de son maître	id.		Op. C. 2 a., Berthoud et SELLENICK										9	4									
Les Pêcheurs de Catane	17 déc. —		Op. C. 3 a., Cormon, Carré et MAILLART										9										
La Madone	16 janv. 61		Op. C. 1 a., Carmouche et L. LACOMBE											17									
Madame Grégoire	8 févr. —		Op. C. 3 a., Scribe, Boisseaux et CLAPISSON											41	10								
Les Deux Cadis	8 mars —		Op. C. 1 a., Gille, Furpille et YMBERT											44	9	6							
La Statue	11 avril —		Op. C. 3 a., Carré, J. Barbier et REYER											5									
Au travers du mur	8 mai —		Op. C. 1 a., de Saint-Georges et PONIATOWSKI											21									
Le Buisson vert	15 mai —		Op. C. 1 a., Fonteille et GASTINEL											12	15								
Le Neveu de Gulliver	22 oct. —		Op. B. 3 a., Boisseaux et DE LAJARTE											12	18								
Le Café du Roi	16 nov. —		Op. C. 1 a., Melillac et DEFFÈS											5									
La Nuit aux gondoles	19 nov. —		Op. C. 1 a., J. Barbier et P. PASCAL											10	18								
La Tyrolienne	6 déc. —		Op. C. 1 a., Ach. Dartois, de Saint-Georges et LEBLICQ											7	11								
La Tête enchantée	13 déc. —		Op. C. 1 a., E. Dubreuil et PALIARD												62	10							
La Chatte merveilleuse	18 mars 62		Op. C. 3 a., Dumanoir, d'Ennery et GRISAR												10								
L'Oncle Traub	11 avril —		Op. C. 3 a., Zaccone, Valois et DELAVAULT												13								
La Fille d'Egypte	23 avril —		Op. C. 3 a., J. Barbier et J. BEER												9								
La Fleur du Val-Suzon	25 avril —		Op. C. 1 a., de Saisay et DOUAY												3								
Le Pays de Cocagne	24 mai —		Op. C. 2 a., Deforges et Mlle PAULINE THYS												2								
Sous les charmilles	28 mai —		Op. C. 1 a., Kaufmann et DAUTRESME												7								
L'Ondine	7 janv. 63		Op. C. 3 a., Lockroy, Mestépès et SEMET													7							
Les Fiancés de Rosa	1 mai —		Op. C. 1 a., Choler et Mme DE GRANDVAL													11							
Le Jardinier et son Seigneur	1 juin —		Op. C. 1 a., Th. Barrière et Léo DELIBES													9							
Les Pêcheurs de perles	30 sept. —		Opéra 3 a., Cormon, Carré et BIZET													21							
Les Troyens	4 nov. —		Opéra 5 a., BERLIOZ													30	11						
Mireille	19 mars 64		Opéra 5 a., Carré et GOUNOD														5	7	10				
L'Alcade	9 sept. —		Op. C. 1 a., Em. Thierry, Denizot et UZEPY														9	9		10	7		
Bégaiements d'amour	8 déc. —		Op. C. 1 a., de Najac, Deulin et GRISAR														9	39	11				
Le Cousin Babylas	id.		Op. C. 1 a., E. Caspers et H. CASPERS														10						
L'Aventurier	26 janv. 65		Op. C. 3 a., de Saint-Georges et PONIATOWSKI															24	3				
Les Mémoires de Fanchette	22 mars —		Op. C. 1 a., Nérée-Desarbres et GABRIELLI															25	16				
Le Mariage de don Lope	29 mars —		Op. C. 1 a., J. Barbier et DE HARTOG															5					
Le Roi Candaule	9 juin —		Op. C. 2 a., Carré et DIAZ															7	1				
Le Roi des Mines	12 août —		Op. C. 3 a., E. Dubreuil et CHEROUVRIER															1	8				
Le Rêve	13 oct. —		Op. C. 1 a., Chivot, Duru et SAVARY																8	16	11		
La Fiancée d'Abydos	30 déc. —		Opéra 4 a., Adenis et BARTHE																6	8	16		
Les Dragées de Suzette	13 juin 66		Op. C. 1 a., J. Barbier, J. Delahaye et SALOMON																	3			
Le Sorcier	id.		Op. C. 1 a., Anais MARCELLI et																	16			
Déborah	14 janv. 67		Op. C. 1 a., Ad. Favre, Plouvier et DEVIN-DUVIVIER																	58	9	11	
Sardanapale	8 févr. —		Opéra 3 a., Becque et JONCIÈRES																	89	1		
Roméo et Juliette	27 avril —		Op. C. 5 a., J. Barbier, Carré et GOUNOD																	9	5		
Les Bluets	23 oct. —		Op. C. 4 a., Cormon, Trianon et J. COHEN																	5	5		
Cardillac	11 déc. —		Opéra 4 a., Nuitter, Beaumont et DAUTRESME																	3	5		
La Jolie Fille de Perth	26 déc. —		Opéra 4 a., de Saint-Georges, Adenis et BIZET																		18	3	
En prison	5 mars 69		Op. C. 1 a., de Sède, Boverat et GIRAUD																			18	
Don Quichotte	10 mai —		Op. C. 3 a., J. Barbier, Carré et BOULANGER																			13	
Le Dernier Jour de Pompéi	21 sept. —		Opéra 4 a., Nuitter, Beaumont et JONCIÈRES																				
				51	52	53	54	55	56	57	58	59	60	61	62	63	64	65	66	67	68	69	70

OUVRAGES DU MÊME AUTEUR

Les Grands Théatres Parisiens : *Soixante-sept ans à l'Opéra en une page* (1826-1893); *Soixante-neuf ans à l'Opéra-Comique en deux pages* (1825-1894), et *la Comédie-Française depuis l'époque romantique* (1825-1894), ouvrage couronné par l'Académie française. Trois volumes in-4°, avec tableaux, à la librairie Fischbacher . . . . 22 »

Histoire de la musique : *l'Allemagne et la Russie* (deux volumes in-8°, avec gravures, à la Bibliothèque de l'Enseignement des Beaux-Arts); *l'Espagne, des origines au XVIIe siècle, le Portugal, la Hongrie et la Bohême* (quatre volumes in-12, avec gravures, à la librairie Flammarion) . . . 15 »

Almanach des spectacles, publication couronnée par l'Académie française. Vingt-sept volumes petit in-12, à la librairie Flammarion, avec eaux-fortes de Gaucherel et Lalauze . . . . 135 »

Précis de l'histoire de la musique russe. Un volume petit in-12, à la librairie Fischbacher . . . . Épuisé.

Musique russe et Musique espagnole et un Problème de l'histoire musicale en Espagne. Deux brochures in-8°, à la librairie Fischbacher. 2 »

Une Première par jour (causeries sur le théâtre). Un volume in-18 jésus, à la librairie Flammarion, couronné par l'Académie française . 3 50

Deux Bilans musicaux. Une brochure in-8°, à la librairie Dupret . Épuisé.

EN COLLABORATION AVEC CHARLES MALHERBE

Histoire de l'Opéra-Comique (la seconde salle Favart, 1840-1887). Deux volumes in-12, à la librairie Flammarion, avec gravures, couronnés par l'Institut (Académie des Beaux-Arts) . . . . 7 »

Mélanges sur Richard Wagner. Un volume in-12, à la librairie Fischbacher, avec une gravure 3 50

L'œuvre dramatique de Richard Wagner. Un volume in-12, à la librairie Fischbacher . . . . Épuisé.

Précis de l'histoire de l'Opéra-Comique. Un volume petit in-12, à la librairie Dupret . . . . Épuisé.

www.ingramcontent.com/pod-product-compliance
Lightning Source LLC
LaVergne TN
LVHW020956090426
835512LV00009B/1933